Justin Herald

atitude 2

2011, Editora Fundamento Educacional Ltda.

Editor e edição de texto: Editora Fundamento
Capa e editoração eletrônica: Tricem – Comunicação e Design
CTP e impressão: Avenida Gráfica e Editora Ltda.
Tradução: E. Siegert & Cia Ltda. (Edite Sciulli)

Produzido originalmente por Allen & Unwin
Copyright © Justin Herald 2004

Dados Internacionais de Catalogação na Publicação (CIP)
(Câmara Brasileira do Livro, SP, Brasil)

Herald, Justin
    Atitude 2 / Justin Herald ; [versão brasileira da editora] –
2. ed. – São Paulo - SP : Editora Fundamento Educacional, 2011.

Título original : What Are You Waiting For?

1. Atitude (Psicologia) 2. Autorrealização 3. Conduta de vida
4. Felicidade 5. Finanças pessoais 6. Prosperidade 7. Riqueza
8. Sucesso I. Título.

10-07984   CDD-158.1

Índices para catálogo sistemático:
1. Atitude e prosperidade : Psicologia aplicada 158.1

Fundação Biblioteca Nacional

Depósito legal na Biblioteca Nacional, conforme Decreto n.º 1.825, de dezembro de 1907.
Todos os direitos reservados no Brasil por Editora Fundamento Educacional Ltda.

Impresso no Brasil

Telefone: (41) 3015 9700
E-mail: info@editorafundamento.com.br
Site: www.editorafundamento.com.br

Este livro foi impresso em papel chamois bulk 80 g/m² e a capa em cartão triplex speciala 250 g/m².

SUMÁRIO

INTRODUÇÃO 7

CAPÍTULO 1

O princípio do pensamento positivo 11

CAPÍTULO 2

Compreendendo o que você quer da vida 18

CAPÍTULO 3

Definindo suas metas 25

- Minha primeira meta ▪ Minha segunda meta ▪ Minha terceira meta
- Concentre-se em uma meta de cada vez ▪ Amplie seus próprios limites

CAPÍTULO 4

Sonhe grande! 32

CAPÍTULO 5

A paixão é uma ação 40

- Produtividade ▪ Consciência ▪ Sensibilidade ▪ Semeadura
- Individualidade ▪ Controle ▪ "Não negociável"

CAPÍTULO 6

Não existe a expressão "não posso" 50

▪ Eu não quero ▪ Sou preguiçoso demais ▪ Não quero me incomodar com isso ▪ Não é o momento certo ▪ Nada é impossível: adote a mentalidade de correr uma milha em quatro minutos

CAPÍTULO 7

Descobrindo seus defeitos 58

CAPÍTULO 8

Aarghh! A mentalidade de vítima 66

CAPÍTULO 9

Se nada mudar, nada mudará 73

CAPÍTULO 10

Sem sacrifícios, não há recompensas 81

CAPÍTULO 11

Persistência 88

CAPÍTULO 12

Perseverança 95

CAPÍTULO 13

Seja um maníaco por controle 103

CAPÍTULO 14

Assuma riscos 111

CAPÍTULO 15

Ética não é palavrão 118

CAPÍTULO 16

Generosidade 126

Aos 25 anos, Justin estava cansado de não atingir suas metas e decidiu assumir o controle de sua vida e usar os últimos $50 para iniciar o próprio negócio. Sem experiência, teve de aprender rapidamente a sobreviver e, por fim, progredir no mundo empresarial. Muitos anos, muito trabalho duro e determinação depois, a Attitude Inc.® é uma empresa que fatura milhões de dólares, e Justin não mais se dedica a sua administração diária. Atualmente, ele apresenta palestras em tempo integral e está aperfeiçoando seu mais recente empreendimento comercial, a Attitude Performance Coaching. Chega de aposentadoria!

Este livro é dedicado a todas as pessoas cujos objetivos ou sonhos ainda estão para se tornar realidade.

SEJA UMA PESSOA MELHOR!

SE NADA MUDAR, NADA MUDARÁ.

Introdução

Puxa, quem diria, um segundo livro! Se você tivesse perguntado a qualquer um de meus professores se eles imaginariam que algum dia eu iria me transformar num escritor, e de *best-sellers* (é o que dizem) ainda por cima, posso garantir que a resposta seria acompanhada pelos sons de fragorosas risadas. Isso apenas serve para mostrar que, não importa de onde você tenha vindo, o que tenha feito ou o que os outros acreditam que você irá conquistar, tudo é possível. Este livro origina-se da compreensão de onde vim, para onde vou e dos desafios que superei em meu caminho. Ele se destina a todas as pessoas que querem conquistar algo para si mesmas, que têm objetivos e sonhos que gostariam de ver realizados algum dia. O fato de ser um objetivo modesto ou grandioso não importa.

Atitude 2 trata da jornada para o sucesso e das questões e problemas que acredito devam ser compreendidos e superados durante o caminho. Estou falando sobre o princípio da mudança, isto é, sobre as mudanças que precisamos fazer em nossas vidas antes de iniciar essa jornada e sobre as mudanças de que precisaremos tratar quando atingirmos algum grau de sucesso. Algumas das dificuldades sobre as quais você vai ler vão ocorrer repetidas vezes, mesmo depois de você atingir algum sucesso. Este livro não tem a intenção de fazer com que você se sinta mal ou de ressaltar seus pontos negativos; foi escrito para servir de guia e ajudá-lo em sua jornada para concretizar metas e sonhos que, para algumas pessoas, foram definidos há muitos anos e representam uma fonte de frustração. Para os que atingiram alguns de seus objetivos, este livro deve servir como um lembrete de que não se deve nunca deixar de dar atenção às mudanças.

Às vezes, eu me irrito em entrevistas da mídia em que o repórter se sai com a velha e cansativa frase: "Justin Herald, o sucesso instantâneo." Levei vários anos para me tornar um sucesso

Atitude 2

instantâneo. Nada aconteceu do dia para a noite, não acordei certa manhã e, BANG, o sucesso se encontrava à porta, e posso garantir que ele também não vai chegar para você dessa forma. O fenômeno de "ficar rico depressa e se tornar um sucesso de um dia para o outro" foi longe demais e exerce muita pressão irreal nas pessoas. Não existe nada parecido com sucesso do dia para a noite, isso é um mito. Não há segredos para atingir o sucesso, não há uma fórmula especial que se possa aplicar a fim de garantir que tudo o que se toque funcione. Quem acreditar nisso está somente enganando a si mesmo. Hoje, mais do que nunca, há uma tendência para encontrar soluções rápidas que colocarão todos os sonhos e metas em suas mãos sem quaisquer mudanças ou esforço. Mas você não conseguirá seu intento de um dia para o outro, tampouco deve pensar que isso seja possível. Muitos tentaram, e muitos fracassaram. Alcançar o sucesso não é tão simples ou fácil, se fosse, todo mundo seria bem-sucedido. Diante dessa realidade, cabe a você, e a ninguém mais, levantar da cadeira e retomar o caminho que o levará aos objetivos que ainda quer conquistar. Ser bem-sucedido e atingir os próprios níveis de sucesso não depende tanto da linha de chegada, mas do que precisamos considerar durante o caminho para que o sucesso seja mais duradouro. São necessários vários anos para formar, moldar e compreender o sucesso. Sim, sei bem o que você está pensando. É possível que você conheça pessoas que atingiram o êxito com bastante rapidez, mas foi realmente muito rápido? Você sabe quanto tempo elas trabalharam para atingir seus objetivos e sonhos? Eu o desafio a descobrir quanto tempo e esforço elas despenderam para chegar lá. Ou, se o sucesso ocorreu para elas "do dia para a noite" ou muito depressa, eu me pergunto se elas serão capazes de sustentá-lo por um longo período de tempo. Como você vê, quase todos nós, quando se trata de outras pessoas bem-sucedidas, é claro, vemos somente o resultado final. O que não enxergamos são as barreiras e inquietações enfrentadas no processo.

Neste livro, falo sobre as contínuas mudanças a que tive de me submeter e compreender durante o curso de meu próprio sucesso. Acredito que as mudanças que funcionaram para mim, se aplicadas e combinadas a sua jornada e a seu modo de pensar, irão permitir que você se aproxime de suas metas. É possível que haja algumas áreas que você vai encarar como sendo de total bom-senso, mas certamente irá se surpreender como o bom-senso é incomum atualmente. Não existe um método que promova soluções rápidas que possa ser aplicado a todos e a quaisquer situações. Cada um possui diferentes áreas a serem tratadas. Se você pensar por um minuto que pode continuar a ser quem é hoje durante o resto de sua vida e ainda alcançar tudo o que deseja, prepare-se para um grande choque, muita frustração e desapontamento. Há muitas pessoas que parecem estar fazendo as coisas certas para melhorar a si mesmas e a situação em que vivem. Elas estão fazendo os movimentos certos, mas, na realidade, estão apenas tentando não afundar. É verdade que conseguem permanecer na superfície, mas não estão avançando. Mesmo que seu progresso não seja tão rápido quanto você planejou inicialmente, é preciso continuar seguindo em frente.

Não pense que você vai se sentir um fracassado ao terminar a leitura deste livro. O resultado deve ser exatamente o oposto. Quero que você se destaque em todas as áreas de sua vida pessoal e profissional, mas isso só acontecerá se você tratar dos aspectos que o estão impedindo de progredir. Alguns leitores irão pensar que os temas discutidos a seguir não lhe dizem respeito, mas eu os desafio a analisar com profundidade e seriedade o ponto em que se encontram e os fatores que vocês sabem que estão retardando seu avanço. Encarem as mudanças que devem ser feitas e sigam em frente. Não percam tempo repisando aspectos negativos e encarem com confiança o ponto que desejam atingir na vida. Apliquem os conceitos apresentados neste livro a sua situação imediatamente. Lembrem, porém, que não há prêmios para o primeiro colocado quando se trata de sonhos e metas pessoais. Perseverança é o segredo: certifique-se de conservar seus sonhos e metas durante anos a fio. Isso é possível se a base de sua personalidade tiver sido construída sobre princípios éticos, saudáveis e sólidos.

Lembro-me de uma história que meu pai contava sobre uma visita de Sir Winston Churchill a uma aristocrática escola para meninos. Sua chegada foi muito esperada, e todos estavam ansiosos para ouvi-lo falar. Quando ele subiu ao palanque e se aproximou do estrado, o silêncio era tão profundo que se podia ouvir a queda de um papel. Todos se encontravam sentados na ponta das cadeiras, esperando para ouvir as palavras sábias do grande líder. Após o que pareceram horas, ele proferiu somente duas palavras que mudaram o rumo da vida de muitos que as ouviram: "NUNCA DESISTA." Só isso, e ele tornou a se sentar.

Esse também é meu conselho: não desista nunca, mas nunca mesmo. É fácil demais. Alguns de vocês podem ter construído muros a seu redor como uma desculpa para justificar por que ainda têm tanto a conquistar. Atravesse as barreiras que têm bloqueado seu caminho, mantenha-se concentrado no que deseja alcançar na vida. O sucesso não é apenas uma palavra de sete letras, é uma escolha de estilo de vida. Se eu não tivesse mudado, nada teria mudado. Antes, contudo, tive de reconhecer quais eram as áreas que exigiam mudanças. Seja diferente... seja melhor. Portanto, o que você está esperando?

CAPÍTULO 1

O PRINCÍPIO DO PENSAMENTO POSITIVO

ATITUDE 2

Na época atual de palestrantes e livros que promovem o encorajamento, aconselham-nos sempre a adotarmos um "pensamento positivo", mas o que isso significa realmente? É fácil demais não perceber a importância do pensamento positivo, das influências e ambientes positivos. Com excessiva frequência, apressamo-nos a descartar essa chave específica para o sucesso devido à publicidade exagerada que cerca toda a área do pensamento positivo.

Durante a infância, a imagem de alguém sempre confiante que povoava minha cabeça era a de um homem com roupas de caçador, óculos de aros grossos e nenhuma personalidade, discursando e se entusiasmando com os benefícios de se adotar uma atitude positiva. Na verdade, sem a influência de uma mentalidade e um ambiente positivos, sempre continuaremos a lutar com dificuldade para conquistar o que queremos da vida. Da mesma forma que sou o tipo de pessoa com um raciocínio bastante simples, classifico a maioria das experiências em duas categorias: positivas ou negativas. Quando pensamos de um modo simples e positivo, as ações ficam mais fáceis de serem administradas porque não existe toda aquela confusão de ideias para interferir.

Se você começar a analisar todas as oportunidades e estabelecer metas a partir de um ponto de vista positivo, perceberá que atingi-las se torna mais fácil. Quando surge o pensamento negativo, ele coloca todos os motivos nos quais você pode pensar para não atingir os objetivos em sua mente e, consequentemente, em suas ações. E você, basicamente, convenceu-se a não querer alcançar o que deseja antes mesmo de começar. Para algumas pessoas, é muito mais fácil lidar com uma atitude negativa em relação à vida: quando se tem uma atitude negativa, não é preciso pensar em mudanças, pode-se simplesmente ser o mesmo indivíduo infeliz para sempre. Não é de surpreender que existam tantas pessoas que ainda afugentam seus sonhos e metas, elas não substituíram o pensamento negativo pelo positivo. Somente conseguiremos questionar nossos pensamentos e ações se começarmos a agir com uma postura positiva.

Já consigo ouvir alguns de vocês perguntando a si mesmos: "Como posso mudar meu pensamento?" Se fosse realmente fácil, todos adotariam uma atitude positiva e encarariam a vida com confiança. Contudo há alguns passos simples que podem ser dados para reverter seu modo de pensar, de uma postura um tanto derrotista para outra disposta a tentar sempre, sem dar atenção a um possível fracasso. Desistir é simplesmente fácil demais, parar antes que quaisquer resultados tenham a chance de se revelar é banal demais.

Quando criança, lembro-me de ter lido um livro chamado *O trenzinho vermelho*, que contava a história de um pequeno trem que viajava totalmente carregado e subia com dificuldade uma montanha muito íngreme. Na metade da subida, ele começou a perder força. O trenzinho passou a repetir para si mesmo: "Acho que consigo, acho que consigo, acho que consigo." Falou tanto que chegou ao topo da montanha. Contei-lhe essa história infantil para demonstrar o princípio de uma mente positiva e, também, de palavras de confiança. Você irá enfrentar momentos difíceis em sua jornada pela vida e em direção ao sucesso, e vai cometer erros. Se permitir que você e seu modo de pensar sejam contaminados por esses contratempos, será o único responsável por retardar seu progresso.

Não estou afirmando, porém, que você deva incentivar-se todos os dias a seguir em frente, mas, sim, que é importante cercar-se do máximo de influências positivas possíveis, por isso seu modo de pensar e suas palavras devem estar no topo dessa lista. O primeiro passo é cercar-se de pessoas de pensamento positivo. Não me refiro a pessoas que fingem que para elas não existem maus momentos e que a vida é maravilhosa. Sabe o tipo que você juraria ter acabado de sair de um filme romântico dos anos 40? Elas simplesmente não são reais, tampouco importantes. Eu quero dizer que você deve cercar-se de pessoas que tenham uma visão global dos fatos no que se refere à própria vida e que, portanto, podem ver e compreender o que você está procurando conquistar. Não quero me ver rodeado de pessoas que repetem constantemente que estou tentando alcançar o impossível. Quero pessoas que me desafiem a pensar maior e mais alto do que antes. Não estou afirmando que quero apenas pessoas que sempre digam sim. Você conhece o tipo que sempre concorda com tudo o que você faz por ter medo de ser rejeitado?

Muitas pessoas são bastante seletivas no que se refere à marca de alimentos que compram, ao xampu que usam para lavar os cabelos (menos eu), até ao tipo de ração que dão aos cães, mas parecem permitir que qualquer pessoa influencie seus objetivos e sonhos com palavras negativas que afetam sua jornada. Parece que todos nós acreditamos que os amigos sempre irão agir pensando no que é melhor para nós. Bem, deixe que eu lhe diga uma verdade: AS COISAS NÃO FUNCIONAM ASSIM!!! Vou dar-lhe um exemplo (provavelmente vou ter problemas com minha mulher depois, mas vai ser tarde demais, pois o livro já estará concluído e impresso. Ufa!). Vanessa está sempre conhecendo novas pessoas. Ela é muito extrovertida, motivo pelo qual seu círculo de amizades está sempre aumentando. As pessoas são atraídas por ela e por tudo o que tem a oferecer, porém tenho observado que algumas dessas novas amizades não mostram a mesma atitude positiva que Vanessa e suas melhores amigas adotam e que isso, às vezes, a afeta. Acho que essas mulheres sentem-se atraídas por Vanessa e suas amigas antigas por causa da atitude positiva delas em relação à vida, mas o problema é que, depois de se instalarem no círculo de amizade, voltam a assumir suas antigas personalidades, ou seja, suas atitudes negativas, controladoras e, às vezes, francamente rudes. Isso não só aborrece a mim como também prejudica Vanessa e as outras amigas, visto que seu ambiente começa a mudar, deixando de ser altamente positivo e feliz, e passando a ser negativo. Elas, então, precisam separar-se das recém-chegadas. Infelizmente, essas novas amigas vieram de um ambiente negativo que elas mesmas admitem ser prejudicial e passaram para um cenário muito mais positivo para, no fim, tentar fazer as novas amigas adotarem a atitude com que costumavam agir. Na realidade, elas deram uma volta completa e retornaram para onde detestavam estar. Tenho percebido ultimamente que Vanessa (felizmente) começou a se distanciar dessas pessoas que só querem ser negativas. Devo acrescentar que, na maioria do tempo, elas nem ao menos se dão conta de sua atitude mas, infelizmente, não se pode dizer nada a elas, porque ficam na defensiva e culpam todos a seu redor. Tentei algumas vezes e somente consegui me sentir como a Morte Implacável, de modo que agora simplesmente calo a boca (assim é mais seguro).

Quais são as pessoas que o cercam e que constantemente querem fazê-lo descer ao nível delas? Você vai permitir que continuem ou vai assumir o controle sobre aonde deseja chegar na vida e o tempo que vai precisar para chegar lá? É claro que elas querem ficar perto de você enquanto tudo estiver bem, pois o sucesso é fascinante. Porém estarão elas por perto quando você enfrentar dificuldades? Aposto que não.

É possível que alguns de vocês tenham adotado uma atitude negativa em relação à realização de objetivos e sonhos durante muitos anos. Tal postura não poderá ser mudada do dia para a noite simplesmente porque você percebeu que precisa adotar um ponto de vista mais confiante. Transforme os pensamentos positivos em atitudes positivas e fique sempre atento à mentalidade negativa que estará lhe dizendo que "isso não pode ser feito". Muitas vezes, pode parecer muito mais fácil ser negativo e rejeitar o positivo: não é fácil mudar maus hábitos. É preciso modificar processos, padrões, ações e ideias que você tem empregado durante anos, talvez décadas. É uma situação muito parecida com a de lavar um carro pela primeira vez depois de dez anos (Deus me livre!). Pense em toda a sujeira que se acumulou; você só verá como o carro é realmente depois de eliminá-la totalmente. O esforço exigido para limpar o automóvel após todos esses anos será

Atitude 2

muito maior do que se você o lavasse todas as semanas. Da mesma forma, depois de se empenhar e livrar-se de anos de pensamentos negativos, você poderá ver seu verdadeiro eu, aquele que poderá, então, moldar com pensamentos e ações positivas.

Outro passo para mudar seu modo de pensar é compreender que você irá enfrentar desapontamentos, e até fracassos, em algum ponto da vida. Deixe-me dar-lhe um exemplo que vi na televisão há algum tempo. Eu estava correndo os canais (como fazem quase todos os homens) e me deparei com uma competição de atletismo. A corrida de 400 metros estava para começar, os atletas se alinharam e se prepararam, e foi dada a largada. Na metade da corrida, um dos competidores prendeu o pé em um obstáculo e chutou-o para o lado. Ele prosseguiu mesmo assim e terminou em último lugar. Sei que você está pensando que a história não é muito interessante, mas quero lhe contar o que a corrida me transmitiu: todos nós, em algum momento, carregamos a culpa de mudar de rumo simplesmente porque encontramos um obstáculo. Quer estivéssemos perseguindo um novo objetivo ou empreendimento, nossa atitude inicial era positiva até que a fria e dura realidade nos atingisse. Então, passamos a percorrer a estrada do negativismo e mudamos o que queríamos conquistar (mudamos as traves do gol!) e, talvez, até procuramos a quem culpar. Assim como ocorreu com os atletas na competição a que assisti naquele dia, você precisa adotar a postura de prosseguir na direção planejada desde o início, mesmo que não consiga eliminar ou derrubar todas as barreiras. Ainda estou para ver uma corrida de obstáculos em que um atleta derruba uma barreira, para e chama os participantes para voltarem e reiniciarem a competição por achar injusto o fato de ter sido prejudicado. Mas é assim que algumas pessoas passam pela vida: assim que se chocam com um obstáculo, esperam que todos a seu redor parem e as ajudem ou esperem que alcancem os demais. A vida não é assim. Imbuir-se de uma atitude positiva no início é ótimo, mas é quando surgem as dificuldades que você vai realmente precisar dela.

Qualquer um pode desistir, mas são aqueles que se esforçam para superar obstáculos que irão colher as recompensas no fim.

O último passo para mudar seu modo de pensar e passar da atitude negativa para a positiva é compreender o que cada uma delas pode representar em sua vida. O pensamento negativo impede-o de progredir, limita sua capacidade de concretizar seus sonhos e metas, fixa limites para sua atuação, pois o lembra constantemente do que "não funcionou na vez passada". Não sei bem quanto a você, mas eu não quero nada que limite meus movimentos, principalmente fracassos do passado. Ainda há muito o que conquistar e quero fazê-lo em tempo recorde. Se pensamentos negativos limitarem minhas ações, será praticamente impossível alcançar metade do que pretendo. Quando passamos a pensar positivamente, essas barreiras começam a ser derrubadas. Começamos a ver oportunidades que podem ser exploradas, como metas podem ser atingidas. Há uma sensação de esperança, e você pode acabar vivendo um de seus sonhos. Não estou falando de alimentar pensamentos destituídos de bom-senso, pois é preciso continuar a ser realista, mas da capacidade de ter uma visão geral dos fatos e, não, dos obstáculos que poderiam prejudicar seu progresso.

Uma técnica simples que pode ser útil e obrigá-lo a adotar um pensamento positivo é prender lembretes em toda a casa, dizendo o que você pretende atingir. De vez em quando, Vanessa coloca fotografias de coisas que gostaria de ter em nosso banheiro. Sempre que entra lá, vê quais são seus objetivos, e seu pensamento enfoca a realização dessas metas.

Já há negatividade em excesso no mundo, e as más notícias nos chegam de todos os lugares, portanto certifique-se de não aumentar essa carga ao se deixar invadir constantemente por pensamentos negativos. Assuma o controle de onde quer chegar na vida, controlando seu pensamento positivo.

CAPÍTULO **2**

COMPREENDENDO O QUE VOCÊ QUER DA VIDA

Capítulo 2 – Compreendendo o que você quer da vida

Há muitas pessoas que pensam que sabem o que querem fazer na vida. Elas elaboram um plano grandioso e têm uma visão global dos fatos, mas, infelizmente, não têm a menor ideia de como irão realizar quaisquer de seus objetivos ou sonhos.

Acho que elas não sabem realmente o que querem. Elas têm uma noção do objetivo "final", mas isso é tudo. Recortam fotografias da bela casa ou do carro último tipo de revistas, porém ainda se esquecem de que será preciso trabalhar duro para transformar esses sonhos em realidade. Gostam de pensar neles, mas não tanto na ideia de concretizá-los e no esforço exigido para que se tornem realidade. Nunca deixarão de ser sonhos perdidos na distância, a menos que essas pessoas comecem a trabalhar no sentido de se aproximar deles.

Quando se trata da busca da felicidade absoluta, compreender o que realmente se deseja na vida é o maior segredo para conquistar qualquer coisa. Sim, eu sei, essa afirmação parece estar repleta de lógica, mas você ficaria surpreso em saber quantas pessoas ainda se frustram todos os dias, meses, e até anos, ao tentar compreender esse processo. Muitas pessoas não compreendem: primeiro, o que querem; segundo, quanto esforço será necessário para obter o que desejam. Como você vê, o empenho é o aspecto mais importante nesse processo. Certamente, você alimenta sonhos e objetivos grandiosos, melhores que o das pessoas que o cercam. Recebo constantemente telefonemas e cartas de pessoas que têm objetivos fantásticos, mas, assim que explico o que é exigido para aproximá-las dessas metas, tudo passa a ficar "muito difícil" e nunca mais ouço falar delas. Muitas pessoas veem o que os outros possuem e imaginam que foi "fácil" conquistar aquelas coisas bonitas. Então, frases como "Eles tiveram muita sorte" começam a sair de suas bocas e acabam ressentidas com quem obtêve êxito em vez de aprender com eles. A inveja significa a morte de seus sonhos e metas se você permitir que ela se infiltre em seu pensamento e em suas ações. Sorte não é a resposta; acredito que se tem sorte apenas uma ou duas

Atitude 2

vezes na jornada em direção aos sonhos e metas fixados. Certo, contingências favoráveis ocorrem, mas depende de você aproveitar essa sorte, pois, do contrário, nada irá acontecer. A sorte não é duradoura, não há garantias quando se trata de sorte. Muitas pessoas não se empenham ao máximo em tudo o que fazem por esperarem que aquele "golpe de sorte", ou uma fada madrinha, transforme seus sonhos em realidade sem que precisem se esforçar. Outras esperam ganhar na loteria para comprar tudo o que desejam, em vez de trabalhar para concretizar seus sonhos: as chances são de que você nunca irá ganhar na loteria. Assim sendo, seus sonhos se tornarão realidade mais depressa se você trabalhar para isso, em vez de esperar que os números que escolheu sejam sorteados.

Utilizo um processo que chamo de "reformular a vida". O que quero dizer com isso? Todos precisamos simplificar ao máximo nossos sonhos, metas e vidas. Não há necessidade de seguir teorias e processos intrincados, eles apenas irão confundir o que realmente estamos tentando atingir e gerar mais pressões. Às vezes, as pessoas se prendem demais a aspectos técnicos. Elas elaboram planos de um, cinco ou até dez anos, porém, mesmo assim, algumas delas ainda não conseguem sair da cama na hora certa pela manhã. Acabam por fazer tantos planos grandiosos que se esquecem dos pequenos detalhes, que também irão ajudá-las em sua jornada, mas costumam ignorá-los, pois acreditam que não são importantes. Analiso todos os objetivos que quero alcançar e procuro simplificar todo o processo ao máximo para poder atingi-los. Simplicidade é o segredo para viver a vida. A vida só é complicada se você quiser. Algumas pessoas complicam demais as coisas a fim de justificar aos que as cercam o rumo que suas vidas está tomando e por que estão levando séculos para atender aos próprios desejos.

É surpreendente a quantidade de pessoas que se sentou diante de mim em meu escritório, munida de planos de cinco anos elaborados há dez. O problema é que elas se esquecem de dar os primeiros passos ou estão amedrontadas demais, pois receiam fracassar e acabam despendendo todo o seu tempo elaborando planos em vez de agir. É verdade que, segundo elas, tudo tem funcionado muito bem, nos mínimos detalhes, mas esse processo não deixa espaço para mudanças. Elas estão correndo atrás de seus sonhos de acordo com o plano original e não consideram a hipótese de que pode haver um caminho diferente e mais fácil para chegar aonde desejam. Elas não param e pensam, após alguns anos ou alguns desapontamentos, que talvez, apenas talvez, haja uma fórmula melhor.

Como você vê, é possível elaborar um plano de vida extremamente detalhado e, mesmo assim, não chegar a lugar algum. De que adianta isso? Todos queremos resultados. Assim que os vemos, sentimo-nos estimulados a prosseguir e buscar novas metas, o que, no fim, irá gerar conquistas maiores e melhores. Algumas pessoas não conseguem parar de sonhar; quando elas não veem resultados rápidos na luta para concretizar sonhos e objetivos, simplesmente acrescentam outros e tentam atingi-los, em vez de tentar alcançar os primeiros. Ao aumentar cada vez mais seus sonhos e metas, imaginam que estão realmente conquistando algo, mas estão enganadas. Seus sonhos e objetivos assemelham-se a um quebra-cabeça; de fato, ele parece ótimo quando concluído, mas, ao se montar as primeiras peças, tudo é uma grande confusão. Somente depois de examinar cada peça e descobrir onde ela se encaixa é que se começa a ver o quadro como um todo, e isso exige tempo, paciência e concentração.

Não disponho de um plano de cinco ou dez anos. É verdade que sei o que gostaria de alcançar quando se trata de meus objetivos, mas não me limito a uma programação. Eu reformulo todas as decisões durante o caminho para que a jornada seja compreensível e agradável. Tudo o que faço deve ser conseguido por meio do método mais fácil possível para que todo o processo seja simples e de fácil compreensão. Muita desordem somente aumenta a confusão e, se você se parece um pouco comigo, não precisa mesmo ter mais confusão em sua vida. Os acontecimentos podem se desviar um pouco do rumo durante essa jornada. Caso isso ocorra, é importante manter a simplicidade para recolocar tudo no caminho certo, sem perder tempo demais tentando encontrar soluções.

Descubra qual é o método necessário para obter o que quer. É ótimo ter uma visão geral dos fatos, e seu sonho ou objetivo anotado num pedaço de papel. Mas você refletiu sobre o que será preciso para chegar lá? É o método que irá exigir o maior tempo de reflexão em todo o processo. Você precisa de um plano de ataque, pois não há sentido em agir cegamente na vã esperança de que tudo dê certo. O tempo e o raciocínio dedicados a planejar como atingir seu objetivo na vida serão bem gastos. Planejar depois de começar e depois de ter cometido erros graves será perda de tempo. Eu não quero desperdiçar mais tempo, pois já fiz isso quando jovem. Quero ver resultados e quero vê-los com a menor quantidade de agitação possível.

Nos últimos anos, fui convidado a apresentar palestras diante de várias organizações de marketing multinível como a IDA, Neways e Nutrimetrics. Realmente, gosto de passar meu tempo com esses grupos, pois todas as pessoas que os integram têm uma coisa em comum: elas sabem o que querem da vida e, o que é mais importante, compreendem o que é exigido para chegar lá. Elas entendem o princípio do trabalho duro, sabem que seus sonhos não serão simplesmente entregues a elas. Certo, todos têm opiniões próprias sobre marketing multinível, mas não se pode negar os resultados que muitas pessoas obtêm dentro desses grupos; elas estão preparadas para trabalhar arduamente para obter o que desejam e compreendem que esse trabalho depende delas. Os indivíduos bem-sucedidos nessas organizações não esperam que terceiros os levem até seus sonhos, eles estão concentrados em uma coisa: realizar eles mesmos seus sonhos, não importa quanto esforço seja necessário para tanto. Outro aspecto que sempre me surpreende é a paixão que demonstram pelo que fazem; eles compreendem que, embora seja ótimo alimentar um sonho e trabalhar para concretizá-lo, se seus atos não forem orientados pela paixão, acabarão dando em nada e se transformarão em apenas mais um trabalho. O número de pessoas bem-sucedidas nessas organizações é assombroso, e isso ocorre porque elas entendem exatamente o que querem da vida e o que é preciso fazer para alcançar seus objetivos.

Muitas pessoas sabem aonde querem chegar, mas, infelizmente, deixam de planejar o método ou o caminho que as levará até lá. Veja este exemplo: estou escrevendo este capítulo em casa, sentado à escrivaninha do escritório. Olho para a cozinha e vejo a xícara de café que acabei de preparar, e que, por um esquecimento bobo, deixei lá. Segurar aquela xícara entre minhas mãos irá exigir algum esforço e atitude de minha parte. Esse café não virá até mim, eu terei de ir até ele; assim sendo, precisarei me levantar, colocar um pé diante do outro e caminhar do ponto de partida (a cadeira) para o destino (a xícara de café). É esse esforço e essa ação que me farão ganhar o prêmio; se não houver esforço e ação para levantar e caminhar até a xícara, só poderei culpar a mim mesmo e, não, à xícara, por não tê-la nas mãos. Esforço zero = resultado zero; ambos caminham lado a lado. E é nesse ponto que muitas pessoas erram: elas veem suas metas do ponto de partida, mas não se empenham, tampouco agem para chegar ao destino final. Elas pensam que compreendem totalmente o que querem conseguir na vida, e talvez compreendam, mas não entendem o que é exigido para obtê-lo. Muitas vezes, acabam culpando a meta ou o sonho quando, na verdade, não perceberam o que é necessário fazer para atender a esse desejo.

Outra dificuldade que ocorre é que algumas dessas pessoas que nunca alcançaram suas metas passam a menosprezar outras que conseguiram seu intento. Quando isso acontece, fico realmente aborrecido. Ao observar o sucesso de terceiros, elas veem somente o resultado final e raramente se dão conta do que foi necessário e o quanto custou para chegar lá. As realizações dos outros deveriam servir de inspiração para você, em vez de representar um obstáculo ou ser fonte de frustração.

Atitude 2

Conheço muitas pessoas que querem reunir-se comigo para discutir suas vidas e metas. Você ficaria surpreso ao ver quantas me perguntam se posso ajudá-las a descobrir algum objetivo ou sonho. Puxa, como é que eu poderia saber o que elas querem conquistar? E, mesmo assim, a pergunta é feita com a maior seriedade. Você é a única pessoa que pode saber o que quer para sua vida. Todos precisamos ter algum senso de ambição, direção e foco. E, até que isso ocorra, você nunca conseguirá chegar perto do que deseja porque deixou de incluir alguns ingredientes extremamente importantes no processo. Autorrealização e compreensão do próprio eu devem ser colocados no topo da lista. Mas não fique aí com ar de sofrimento tentando fazer aparecer algum sonho: você precisa verificar aonde realmente quer chegar, que coisas sempre desejou e ainda não alcançou. Isso é algo que você deve saber, mesmo sem refletir muito a respeito.

Sempre me recordo da época em que eu tinha uns 16 anos, e minha mente não estava povoada de pensamentos negativos. Foi nesse período que defini algumas metas sem que meu modo de pensar me dissesse que elas não poderiam ser atingidas. À medida que envelhecemos, nossa mente começa a controlar nossos atos. Passamos a acreditar que não teremos sucesso devido a todos os obstáculos que teremos de enfrentar, em vez de simplesmente fazer uma tentativa, como aconteceria quando éramos mais jovens. Empregamos inúmeras desculpas para justificar por que não tentamos, em vez de explicar por que deveríamos colocar o plano em execução.

Você fixou uma meta que vem adiando por não compreender o que é necessário para alcançá-la? Se esse for seu caso, levante-se da poltrona e aja: o pior que pode acontecer é você aprender lições valiosas sobre si mesmo. Quando chegamos ao ponto de compreender o que queremos para nossa vida, podemos começar a viver esses sonhos e transformar nossas metas em realidade.

CAPÍTULO 3

DEFININDO SUAS METAS

NESTE CAPÍTULO
- Minha primeira meta ▪ Minha segunda meta ▪ Minha terceira meta
- Concentre-se em uma meta de cada vez ▪ Amplie seus próprios limites

Atitude 2

Defina suas metas, anote-as, analise-as todos os dias, tenha um objetivo. Provavelmente, todos vocês já ouviram esses conselhos milhões de vezes. Infelizmente, são muitos os que, mesmo tendo decidido o que querem da vida, ainda deixam de estabelecer metas ou, se as definem, não conferem seu avanço regularmente. Sem objetivos, não há rumo, sem rumo, não há realização.

Quando eu tinha 25 anos e acabava de fundar a Attitude Inc.®, defini uma série de metas. Não eram muitas, na época eu não tinha muita certeza se conseguiria realizar alguma delas, mas eram tangíveis, e eu podia medir seu progresso e me certificar de que caminhava na direção de um objetivo. Um dos maiores erros que muitos de nós cometem é estabelecer metas e sonhos intangíveis. Eu me refiro a objetivos do tipo "Quero ficar rico" ou "Quero ser bem-sucedido". O problema é que não se pode estender a mão e agarrar esse tipo de meta, pois ela é feita de sentimentos e emoções que costumam ser acompanhados de surpresas. Sentimentos, assim como emoções, são instáveis; de certa forma, eles são difíceis de controlar, visto que estão à mercê do que ocorre a nosso redor e não do que fazemos acontecer. Sentimentos vêm e vão, dinheiro também, e até o sucesso tem altos e baixos. É fundamental fixar metas tangíveis que, uma vez atingidas, possam ser usufruídas no sentido físico da palavra. Dessa forma, sempre haverá uma sensação de realização: sempre que você pensar nessa meta em particular, poderá apreciar totalmente seus esforços, seu suor e trabalho duro. Se uma de suas metas for tirar longas férias com a família uma vez ao ano, pense na satisfação que sentirá quando estiver tomando coquetéis à beira da piscina do hotel, ou observando seus filhos deslizando nas pistas para iniciantes de uma estação de esqui. É desse tipo de sentimento tangível que estou falando, quando se pode realmente usufruir todo o esforço e trabalho árduo necessários para chegar lá.

Outro erro que cometemos quando fixamos metas é não mirarmos longe o suficiente, isto é, muitas vezes estabelecemos objetivos fáceis demais de serem atingidos. Está tudo bem quando estamos começando, mas, no fim, precisamos de metas e sonhos que nos impulsionem ainda mais para a frente. Esses objetivos, se atingidos, irão fazer com que nosso modo de pensar e nossas ações atinjam um novo nível. Precisamos batalhar sempre; é verdade que pode haver pessoas a seu redor que o estimulem, mas, se você puder ser a força propulsora para alcançar suas metas, o grau de satisfação ao atingir esses sonhos valerá o esforço despendido, pois você saberá que chegou lá, e ninguém mais. Aos 25 anos, eu ainda não tinha assimilado esse princípio. Minha única meta parecia ser apenas atravessar a semana com dinheiro suficiente no bolso, e eu não pensava no futuro. Não que nunca tivessem me ensinado o princípio de fixação de metas, mas eu não acreditava que algum dia conseguiria atingir qualquer meta que tivesse estabelecido. Assim sendo, fiz o que a maioria das pessoas faz: não fixava nenhuma e simplesmente deixava a vida acontecer em vez de criar minha própria vida. Naquela época, eu estava disposto a fazer qualquer coisa que me agradasse e esperava que desse certo e que gerasse um resultado ainda melhor. Pois é, eu estava completamente errado. O dia em que aceitei estar cansado de não conquistar nada foi o primeiro da semana em que iniciei meu negócio. Eu queria as coisas bonitas que todo mundo tinha; o tempo de culpar a todos pela minha falta de realizações tinha chegado ao fim. Assim, naquela primeira semana, eu me sentei e elaborei uma lista de metas; a lista era curta, havia somente três objetivos. Eu não queria me confundir, de modo que optei pelo máximo de simplicidade. Como afirmei em meu primeiro livro, é você quem determina seus padrões, o que, por sua vez, o torna responsável pelos resultados. Eu não queria enfrentar um possível fracasso, de modo que criei um processo o mais simples e estruturado possível. Acho que é um grande erro enumerar uma quantidade infindável de metas, pois elas podem lhe conferir a sensação de ter um objetivo, mas também podem sobrecarregá-lo. Alcançar metas deve ser uma tarefa agradável, sem criar uma pressão tão intensa que o deixe louco devido a inevitáveis sensações de falta de conquistas.

Registrei minhas metas em ordem de prioridade: muitas pessoas elaboram uma lista de metas e sonhos sem pensar na ordem em que devem ser alcançadas. Elas fixam uma grande meta aqui, uma meta insignificante ali, depois outro objetivo importante e assim por diante. O desenvolvimento gradual do processo é destituído de lógica e não o obriga a melhorar e a se empenhar mais a cada passo.

MINHA PRIMEIRA META

Minha primeira meta era simplesmente provar a uma pessoa que ela estava errada a meu respeito. Pode parecer uma meta tola, mas talvez você se surpreenda com o que precisa alcançar em primeiro lugar, antes de passar a metas mais ambiciosas. Às vezes, nossos primeiros objetivos podem parecer irrelevantes aos outros, mas são extremamente importantes para nossa jornada. Para alguns leitores, a primeira meta pode ser provar algo a si mesmo. Se você não consegue se convencer de que é capaz de fazê-lo, não tem chances de convencer os outros.

Depois de ter sido bem-sucedido com a abertura de minha empresa, percebi que havia provado meu ponto de vista e atingido minha primeira meta. A pessoa a quem queria mostrar que estava enganada tinha de saber que havia errado em seu julgamento. Caso ela não o fizesse, pelo menos eu teria provado a mim mesmo que era mais capaz do que muitas pessoas acreditavam. Eu poderia não me ter dado ao trabalho de provar algo a essa pessoa ou ignorado seus contínuos comentários negativos, ou respondido com observações como: "Você não sabe nada sobre mim" ou "Você está completamente enganada a meu respeito", mas percebi que isso não exerceria nenhum efeito em mim mesmo. Tais observações, caso as tivesse feito, poderiam ter provocado uma sensação de bem-estar temporária, mas eu queria seguir em frente e tive de tratar das percepções que as originaram de uma vez por todas.

MINHA SEGUNDA META

Como expliquei em meu primeiro livro, uma de minhas metas seguintes era pessoal: comprar um belo carro. Em seu caso, pode ser passar mais tempo com a família ou sair de férias. Suas metas pertencem a você, não permita que terceiros julguem seu mérito. É provável que algumas pessoas considerem minhas metas insignificantes; tudo bem, não é a vida delas que vivo, mas a minha e, por esse motivo, empregarei todos os métodos possíveis que possam me levar a estágios mais avançados em minha própria vida.

O que me traz outro tema à lembrança: nunca permita que terceiros julguem se o que você quer da vida é certo ou errado. Somente você sabe o que quer, portanto vá em frente. Defendo a seguinte teoria: se uma meta "tola" me trouxe até onde me encontro hoje, quem, então, é o mais esperto? Sempre gostei de carros velozes e os admirei, mas tinha me resignado (até aquela época) com o fato de que nunca teria um deles; assim, pus-me a lutar para satisfazer esse desejo definitivamente. Dois anos se passaram até que eu pudesse comprar o carro de meus sonhos. Devo confessar que os sentimentos que me invadiram quando sentei dentro dele fizeram com que todos os anos que passei sonhando tivessem valido a pena. Em seguida, decidi partir para um objetivo "absurdo".

MINHA TERCEIRA META

Uma meta "absurda" é aquela meta grandiosa que você coloca no fim da lista, aquela que você "sabe" que nunca irá alcançar, mas que coloca na lista de qualquer forma enquanto está tomado pelo entusiasmo. Minha meta "absurda" era a de "aposentar-me", ter um negócio em pleno funcionamento, criar uma empresa geradora de uma excelente renda passiva, até os 31 anos de idade. Atingir esse objetivo me daria liberdade para buscar qualquer outra coisa que desejasse sem ter de me preocupar com implicações financeiras. Na época em que anotei essa meta, não tinha muita certeza se minha empresa duraria até a semana seguinte, muito menos um ano. Assim que atingi o objetivo de comprar o primeiro carro de meus sonhos, comecei a pensar nesse sonho grandioso que fixara apenas alguns anos antes. Eu tinha esquecido totalmente que o havia anotado até o momento em que revisei a lista original. Como você vê, eu não me preocupava em verificar continuamente as metas listadas; se o tivesse feito, teria me concentrado em muitos aspectos de uma só vez e tudo que teria conseguido seria ficar bastante confuso.

CONCENTRE-SE EM UMA META DE CADA VEZ

Então, foi mais fácil concentrar-me naquele sonho grandioso devido ao êxito obtido nas metas anteriormente estabelecidas. Naquele momento, eu me sentia em condições de dirigir a atenção para aquela importante meta. Meus sentidos estavam firmemente voltados para torná-la realidade; o fato de que nada conseguiria desviar-me de meu ideal foi útil para que eu mantivesse o foco. Pude atingir essa meta de acordo com o prazo original porque me certifiquei, primeiro, de me concentrar em uma meta de cada vez e, segundo, de que a meta seguinte representasse um desafio maior.

AMPLIE SEUS PRÓPRIOS LIMITES

Defendo várias teorias. Quem me conhece bem sabe que tenho opiniões sobre quase tudo. Uma das teorias que sustento no momento é a do processo de fixar e atingir minhas metas em níveis cada vez mais elevados. Muitas vezes, fixamos metas com os mesmos níveis de dificuldade. Sabemos quanto esforço será necessário para alcançar aquele nível e, simplesmente, seguimos no mesmo ritmo, sem ampliar nossos limites. Podemos, de fato, atingir nossas metas, uma após a outra, mas não vivenciamos o crescimento que se origina da ampliação de nossos limites para atingir estágios mais importantes.

Após atingir minha meta grandiosa (aquela que simplesmente joguei para o fim da lista e que jamais imaginei que iria alcançar), decidi adotar uma abordagem diferente. Hoje, sempre que atinjo uma meta, eu a substituo por outra maior. Quando esta é alcançada, substituo-a por outra ainda mais grandiosa; dessa forma, cresço e me obrigo constantemente a atingir níveis mais elevados. Se eu não tivesse agido assim, não estaria me desafiando e acabaria estagnado e aborrecido com minha vida e seus resultados.

O que você tem tentado conquistar? Você tem certeza de que fixou suas metas corretamente? Talvez você tenha definido seu primeiro sonho ou meta longe demais de seu alcance e, consequentemente, está questionando se quer continuar lutando por eles. Comece por imaginar-se atingindo essa primeira meta. O senso de realização ao concretizar esse objetivo irá estimulá-lo a querer realizar ainda mais. Não há nada como o sucesso para encorajá-lo a perseguir coisas mais grandiosas.

Seu futuro, seus sonhos e suas metas são exatamente isso: SEUS. Portanto o que você está esperando?

CAPÍTULO 4

SONHE GRANDE!

Capítulo 4 – Sonhe grande!

Tive sonhos desde o dia em que iniciei meu negócio. Não eram muito grandes, apenas sonhos que eu tinha certeza que conseguiria concretizar algum dia. Eu acreditava que, se não quisesse fracassar, deveria conservá-los a meu alcance. Errei em não me dispor a ampliar meus limites também, mas esse é um erro que muitos cometem no início. No fim do primeiro ano, toda a percepção que eu tinha dos fatos mudara e comecei a perceber que, quanto maior era o sonho, maior era o resultado. Ele tinha de estar além do alcance fácil. Mas, com isso, vem o sonho maior, o sacrifício maior. O que eu tinha de fazer, e depressa, era repensar todos os planos referentes a meus sonhos.

Naquele primeiro ano, enfrentei vários desafios. Um dos maiores foi mudar meu modo de pensar: se eu quisesse concretizar aqueles sonhos grandiosos que fixara para mim, tinha de mudar radicalmente meus pontos de vista. Todos querem mudar de rumo em algum momento da vida, mas muitos não dão atenção ao modo de pensar ao mesmo tempo. Isso significa que seguimos tentando obter novas conquistas, mas adotando velhas atitudes.

No início, eu prosseguia com dificuldade, vendendo uma ou duas camisetas por vez. Embora houvesse muitos pedidos dessa natureza, sabia que existia um caminho mais rápido para o sucesso, mas eu ainda estava para descobri-lo. Eu queria aumentar as vendas, queria o tipo de vendas que transformariam meus sonhos em realidade muito mais depressa. A chave para um volume de vendas maior não era vender mais, era ampliar meus sonhos e querer coisas melhores, realizar mais. Ampliar o que eu queria atingir me obrigou a elevar as expectativas e conseguir os resultados necessários. Tive de mudar o foco em relação a meu sonho.

Um dos meus sonhos era trabalhar na televisão como repórter. Sim, eu sei, nada demais, mas o desafio que isso representava realmente me agradava. Certo dia, fui convidado a ser o repórter de um modesto programa de negócios. Essa era uma grande oportunidade,

Atitude 2

visto que eu podia contatar pequenos empresários que adotavam excelentes princípios comerciais em escala nacional, algo que eu realmente queria fazer. Uma das primeiras reportagens que fiz tratou de direção defensiva. Para mim, essa reportagem foi fantástica, pois combinava com minha paixão por carros. O foco era um dos princípios ressaltados pelos instrutores de trânsito. A maioria dos condutores mantém o olhar muito perto da frente do veículo, mas, quando se ergue a vista e se olha mais à frente, pode-se ver muito mais e, consequentemente, reagir com mais rapidez. Quando o olhar é dirigido para mais longe, a visão periférica ainda abrange a dianteira do carro, mas atinge muito mais do que isso. Acho que há muitas pessoas que ficam tão concentradas em metas fáceis e em sonhos de curto prazo que não conseguem ter uma visão geral dos fatos. Se erguessem a vista para abarcar tudo o que as rodeia, seriam capazes de concretizar tudo o que querem e, ao mesmo tempo, continuar a seguir na direção correta, pois sua visão agora seria mais ampla, da mesma forma que seus resultados em potencial.

Após um ano de Attitude Inc.®, meu sonho mais importante era o de criar uma marca mundial. Eu não era uma pessoa acanhada, queria tudo, mas, na verdade, não tinha a menor possibilidade de financiar e, muito menos, gerenciar, o que pretendia na época. O que eu podia fazer, contudo, era começar a me preparar para o futuro que desejava. Você também pode alimentar sonhos grandiosos: eles sempre estarão presentes, mas os métodos e lições para concretizá-los serão aprendidos com os êxitos gerados pela realização de sonhos menores. Tudo depende de onde se encontra seu foco. Se você se concentra somente nas tarefas insignificantes imediatamente a sua frente, então isso será tudo o que irá conquistar. Ao transferir o foco do que se encontrava diretamente a minha frente para o que estava acima e adiante de mim, passei a ver com muito mais clareza. Pude ter uma visão geral do que a vida me reservava e, finalmente, compreender o que estava tentando conseguir.

Permita-me demonstrar isso com um exemplo prático. Aproxime a palma da mão do nariz. O que você vê? Provavelmente apenas a imagem embaçada da pele. Em seguida, afaste a mão do rosto devagar até que o braço esteja totalmente estendido. O que vê agora? Certamente a mão e cinco dedos em sua extremidade. É dessa clareza que necessitamos quando se trata de focar sonhos e metas. Somos todos culpados de dirigir nossos esforços a metas fáceis, que se encontram exatamente diante de nosso nariz. Você sabe, aquelas que não exigem muito empenho. Precisamos de sonhos e metas que estejam fora de nosso alcance, mas ainda dentro de nosso campo de visão: quanto mais longe, melhor. Dessa forma, permaneceremos concentrados neles até alcançá-los. Porém devemos nos certificar de não desistir, de não cair na armadilha de imaginar que tudo é difícil demais. Supere essa barreira mental, pois a recompensa pode estar a poucos passos de você.

Todos precisamos agir como um cão em relação a seu osso. Nós temos um cachorro da raça *staffordshire* chamado Diesel. Ele é um ótimo cão e, quando ganha um osso, sente-se num paraíso canino. Gosta tanto do osso que não há como tirá-lo dele, por mais que se tente. Diesel enterra os dentes nele e se recusa a soltá-lo. Seja como um cão e seu osso quando se trata de seus sonhos: recuse-se a desistir deles, não importa quem ou o que apareça para tomá-los de você. Talvez seja até você o responsável por abandonar seus sonhos. Não faça isso: atenha-se a eles até se transformarem em realidade e você estar vivendo o que desejou no início. "Finque os dentes" no que deseja atingir.

Como afirmei no início deste capítulo, comecei com metas despretensiosas e que estivessem a meu alcance. Não me compreenda mal quando digo que eu estava errado: metas e sonhos modestos são importantes no início, porque atingi-los trará lições valiosas que o ajudarão a lutar por sonhos maiores, aqueles objetivos fora de seu alcance. Sempre que se alcança uma meta, os sentimentos de felicidade

Atitude 2

e realização serão totalmente evidentes. Esses sentimentos são necessários para ajudá-lo a compreender as recompensas que você vai obter ao concretizar o próximo sonho.

Um número excessivo de pessoas subestima a área dos sentimentos. Às vezes, acredita-se que não é apropriado expressar felicidade quando se atinge uma meta espetacular para não magoar os que nos cercam e que não estão indo tão bem. Que bobagem! Precisamos mostrar excitamento, às vezes precisamos até comemorar. Eu apresentava um desempenho excelente quando acontecia algo de bom e fazia com que eu me sentisse ótimo. Era esse sentimento que me estimulava a buscar mais realizações. Tendo isso em mente, é preciso compreender que, vez ou outra, você não vai se sentir em sua melhor forma quando os resultados não forem exatamente os desejados. Lembre-se desses sentimentos desagradáveis e use-os como um guia para saber o que não fazer no futuro. O segredo reside em não permitir que esses dias de "baixa" o afetem de forma negativa. Empregue todas as experiências e resultados de modo positivo.

Assim sendo, o que são "sonhos grandiosos"? Aconselham-nos constantemente a "sonhar grande", mas isso parece uma utopia para muitas pessoas. Alguns indivíduos imaginam que sonhar grande significa tomar decisões tolas e, simplesmente, esperar que as coisas funcionem por si mesmas; pensam que um sonho grandioso lhes dá o direito de não mais usar seus cérebros e fazer apenas o que querem, seja lá o que isso signifique. Bem, na realidade, quando se trata de trabalhar a fim de concretizar esses sonhos, é preciso que sua inteligência e perspicácia estejam na melhor forma possível. Você precisa agir de outra maneira, pensar em um nível diferente. A abordagem utilizada para realizar seu último sonho ou meta deve mudar. Suponhamos que um de seus maiores sonhos seja comprar uma mansão imediatamente, mas, se for descuidado quanto a sua realização, é provável que caminhe na direção oposta. Deixe-me explicar: você deseja uma grande casa e quer pagá-la à vista, pois é o maior de seus sonhos, e começa a trabalhar para sua concretização. Após algum tempo, começa a ficar impaciente e, para acelerar o processo, decide não esperar até reunir todo o dinheiro: ganha alguns meses ou anos e faz um empréstimo. Talvez alguns leitores achem que a ideia não é tão má assim. Mas o que irá acontecer se seus negócios começarem a decair? Se houver circunstâncias inesperadas, fazendo com que você tenha dificuldades para pagar as prestações? E elas são elevadas, pois se trata de um grande sonho. É provável que você, ao usar atalhos e tentar acelerar a concretização de seus sonhos, não consiga nada mais do que retroceder. Você se concentrou somente no resultado final e ignorou o método exigido, o plano original (a compra à vista) e não considerou o custo pessoal que será gerado por tal impaciência.

Não quero e não preciso de pressões adicionais quando se trata de realizar meus sonhos, pois já há bastante pressão por aí sem que minha estupidez faça parte do processo. Assim como ocorre no exemplo da casa, sou o único que pode auxiliar ou impedir a concretização de meus sonhos. Sim, é verdade que, assim como todo mundo, quero ter essa linda casa. Em meu caso, porém, há uma diferença: quero ser seu proprietário de fato antes de me mudar. Esse é meu "grande objetivo". Se fixo uma meta, quero me ater a ela ao máximo, porque, no momento em que modifico as regras, crio a possibilidade de mudar os resultados e, consequentemente, perco o controle sobre meu sonho (veja bem, não estou dizendo que não se deve pedir um empréstimo para comprar uma casa, portanto não tire conclusões apressadas. A casa é somente um exemplo de que não se deve mudar as regras no transcorrer do processo).

Lembre-se: suas metas mais importantes devem estar bem fora de seu alcance. Fáceis de atingir, elas não representarão nenhum desafio e, sem desafios, não há grandes realizações devido ao foco limitado. De fato, você pode pedir um empréstimo para comprar sua casa e, muito possivelmente, pode viver nela sem problemas e até acabar de pagá-la com tranquilidade. Mas imagine os sentimentos de satisfação se você mudasse para a casa livre de dívidas, imagine o impulso que isso lhe daria para realizar outros sonhos e metas: você acaba de criar seu próprio padrão de excelência.

O simples fato de eu alcançar uma meta não significa que deva parar. É nesse ponto que muitas pessoas ficam confusas. Elas têm somente algumas poucas metas a serem realizadas e, então, pensam que o sucesso é um fim em si. Depois que essas metas são atingidas e não há outras pelas quais lutar, perdem o rumo, ficam à mercê da vida e permitem que ela aconteça a seu redor sem controle sobre seu destino. Sempre que você não conseguir concretizar sonhos e objetivos, estará se obrigando a voltar a sua zona de conforto que, a cada fracasso, se torna menor. Não abra as portas ao insucesso ao apressar o andamento dos fatos simplesmente porque constatou que atingir seu objetivo irá requerer muito tempo e empenho. Essa é apenas uma solução paliativa em que o objetivo é o resultado final, em vez de uma satisfação permanente. Compreenda que, para concretizar os grandes sonhos, não os pequenos, é necessário concentrar tempo e esforço. Como já afirmei anteriormente, se fosse fácil transformar sonhos em realidade, TODO MUNDO os estaria vivendo.

Um dos maiores segredos para concretizar todos os sonhos, grandes e pequenos, é o processo de visualização. Espere, não se assuste, não estou falando de nenhum processo maluco, mas que será muito mais difícil atingir seu objetivo se você conseguir visualizá-lo em sua mente. Ele acabará se transformando somente em uma ideia, em vez de em realidade. Meu irmão mais novo, Dean, sempre aplicou esse processo com eficiência. Ele sempre conservou fotografias de casas, carros ou qualquer coisa que desejasse obter em seu escritório. Não faz muito tempo, ele e a mulher, Bernice, mudaram para uma casa nova. Geralmente, não dou muita importância a casas, mas essa é espetacular, é a casa que eles sempre sonharam. Eles não a conseguiram de um dia para o outro, mas com trabalho duro e através do processo de concretizar sonhos e objetivos menores que estavam totalmente fora de alcance anos antes. Recentemente, eu me encontrava na garagem da nova casa de Dean e notei o desenho de um carro no chão. Perguntei-lhe o que significava, e ele me disse que seu próximo sonho grandioso era adquirir um Porsche Boxter. Ele pediu a um conhecido que já possuía um para visitá-lo e, então, traçou o contorno no chão da garagem. Dean não permite que nenhum outro automóvel ocupe aquele espaço: ele está visualizando o sonhado carro estacionado ali, e até que concretize esse sonho, nada tomará seu lugar. No momento em que estou escrevendo este livro, sei que Dean se encontra somente a alguns meses de guardar o carro real naquele espaço.

Como você vê, não é fácil esquecer os sonhos quando eles se instalam em sua mente, e você pensa neles o tempo todo. Quando não se consegue esquecer alguma coisa, ela nos vem sempre à lembrança e, quando isso acontece, é mais fácil colocá-la em prática. O último conselho sobre sonhos grandiosos que eu gostaria de lhe oferecer é o de começar com sonhos modestos, pois você nunca vai viver grandes sonhos se não conseguir concretizar os sonhos menores que surgem pelo caminho. Conheço pessoas que só alimentam sonhos fantásticos. Isso é ótimo para o ego, mas, infelizmente, por não entenderem que os sonhos pequenos devem ser realizados em primeiro lugar, nunca conseguirão se aproximar dos grandes. É preciso ser fiel às pequenas coisas antes de conseguir realizar as grandes. Percorra com perseverança o caminho para chegar aos grandes sonhos: alimente-os, mas chegue até eles usando os pequenos como pontos de partida. Eu não estaria sentado aqui hoje com uma marca licenciada internacionalmente se não tivesse vendido aquela primeira camiseta. Lembre-se: não é a rapidez com que se vive os sonhos que é importante, mas, sim, por quanto tempo se pode vivê-los.

Suas conquistas na vida são limitadas somente pelo tamanho de seus sonhos.

CAPÍTULO 5

A PAIXÃO É UMA AÇÃO

NESTE CAPÍTULO
- Produtividade ▪ Consciência ▪ Sensibilidade ▪ Semeadura
- Individualidade ▪ Controle ▪ "Não negociável"

Capítulo 5 – A paixão é uma ação

Paixão é uma palavra que parece estar sendo usada indiscriminadamente hoje em dia. E com tanta frequência que, às vezes, sinto que perdeu seu verdadeiro impacto e significado. Sem paixão, contudo, eu nunca teria atendido a meus desejos, pois ela é o combustível necessário para concretizar sonhos e objetivos. Assim como ocorre com um automóvel, sem combustível não se chega a lugar algum. E, quando se usa combustível inadequado ou de má qualidade, o desempenho não atinge todo o seu potencial.

Este capítulo visa fazê-lo compreender quais são os ingredientes do combustível (paixão) que você precisa acrescentar a seus objetivos e sonhos para apresentar um bom desempenho e empregar todo o seu potencial. Quero mostrar-lhe as áreas que formam a paixão e que dividi nos seguintes elementos:

- **Produtividade**
- **Consciência**
- **Sensibilidade**
- **Semeadura**
- **Individualidade**
- **Controle**
- **"Não negociável"**

Se não soubermos o que é exigido para alcançar nossas metas, é possível que rejeitemos ou ignoremos os resultados que poderiam ser obtidos. Se analisarmos os fatos de maneira excessivamente superficial, extrairemos deles somente uma pequena parcela de seu valor. Quero que você compreenda o que forma a paixão e, então, ela poderá fazer parte de todos os aspectos de sua vida. Lembre-se: a paixão é mais do que apenas uma palavra que soa bem a nossos ouvidos. Ela deve fazer parte de seu ser, é uma ação e precisa ser tratada como tal.

ATITUDE 2

PRODUTIVIDADE

A paixão é uma ótima palavra, mas, sem produtividade, ela não passa disto: UMA PALAVRA! A produtividade requer muita ação, pois é a ação que irá produzir resultados. Há muitas pessoas por aí com sonhos fantásticos e uma imensa lista de objetivos, que alegam ser "apaixonadas" no que se refere a sua concretização, mas que são preguiçosas demais para se levantar de suas cadeiras e pôr mãos à obra. A partir do momento em que se exige trabalho árduo e esforço, elas recuam e retornam a seu mundo de indolência. Sem produtividade, seus sonhos permanecerão a distância e nunca se aproximarão da realidade. Sou de opinião que paixão produz mais paixão. Assim que você começar a usar a paixão em tudo o que fizer ou estiver tentando alcançar, ela vai, primeiro, fazer com que seu sonho cresça e atinja áreas maiores e mais amplas e, segundo, irá abrir seus olhos a possibilidades que talvez você nem mesmo tenha contemplado, o que vai gerar uma sensação adicional de realização. Você começa a ver a linha de chegada para alcançar seus sonhos e metas, o que lhe permite compreender os motivos que o fizeram agir de determinada maneira.

Eu me encontrava de tal modo imbuído de paixão, quando fundei minha empresa, que dormia e acordava pensando em Attitude Inc.®. Embora isso fosse ótimo, as coisas só começaram a acontecer depois que me tornei uma pessoa produtiva. Isso, por sua vez, abriu mais portas e aumentou ainda mais minha paixão quanto às metas que havia fixado para mim. Eu poderia encher páginas e mais páginas sobre o que pretendia realizar. Falar é fácil, qualquer um pode fazê-lo, mas é a ação que acompanha as palavras que irá trazer os resultados no final. Pare de falar sobre suas metas, pare de mostrar um falso entusiasmo em relação a elas, como diria um amigo meu. Seja produtivo quanto a elas e ao lugar aonde quer chegar, e aja de acordo com esses desejos.

CONSCIÊNCIA

Estar ciente do que ocorre a seu redor pode parecer sensato, mas você provavelmente ficaria surpreso com o número de pessoas que ignora esse fato. Como afirmei anteriormente, há muitas oportunidades por aí que, se aproveitadas, podem possibilitar que você concretize seus sonhos e metas um pouquinho mais depressa. Algumas pessoas planejam todos os seus passos nos mínimos detalhes, mas perdem oportunidades fantásticas que poderiam ter simplificado sua jornada, simplesmente porque se excederam no planejamento e deixaram a desejar no desempenho. Ter a visão geral de uma situação é importante, mas é preciso começar dando pequenos passos para chegar aonde se quer. Conheci inúmeras pessoas que me disseram: "Anos atrás eu tive uma ótima ideia, mas só agi quando já era tarde demais ou, simplesmente, não fiz nada." Acredito que isso ocorra porque elas não estavam cientes das oportunidades que se descortinavam diante delas. Quando se trata de sonhos, não adianta pensar no que "deveria" ou "poderia" ter feito. Ser movido pela paixão é estar ciente do que acontece a sua volta e do que poderia ocorrer. A consciência é apenas o início do processo: o fator realmente importante é a ação que se segue a essa consciência. Saber o que existe lá fora, que oportunidades estão a sua frente é uma coisa, mas é fundamental agir de acordo com elas. Considerando que a paixão irá abrir novas portas e oportunidades talvez nunca antes imaginadas, você precisa estar totalmente alerta e ciente de que esses fatos podem e vão acontecer. Pare de agir do mesmo jeito de sempre. Fique atento e busque novas formas de fazer as coisas, novos métodos ou, até mesmo, cerque-se de pessoas diferentes, tudo isso vai ampliar seus limites para que você concretize sonhos e objetivos.

Seja observador, esteja atento às áreas de sua vida que precisam de cuidados. Procure os pequenos detalhes que insistem em povoar sua mente sempre que você pretende alcançar uma meta e que reduzem sua paixão e iniciativa. São essas as pequenas coisas das quais você deve se inteirar. Lembre-se: quase sempre são as pequenas coisas que ignoramos que podem destruir nossa jornada antes mesmo de a iniciarmos. É ótimo procurar métodos novos e estimulantes, e áreas em que possamos realizar nossos sonhos e objetivos, mas também precisamos estar atentos às áreas ou atitudes, modos de pensar e até pessoas que nos impeçam de concretizá-los.

SENSIBILIDADE

Se você perguntar a quem me conhece (inclusive minha mulher), eles se apressarão em dizer que não sou uma pessoa muito sensível. Esse é um aspecto que procuro melhorar todos os dias, pois sou mais do tipo que esquece rapidamente as coisas. Não suporto chorões e principalmente pessoas que procuram justificar de todas as maneiras por que "ainda não foram bem-sucedidas". Esse tipo de atitude teve de mudar depois do nascimento de nossos filhos, já que "esquecer" não funciona quando há tombos e machucados acontecendo a cada cinco minutos. O mesmo ocorre quando se trata do grau de paixão que dedico à concretização de meus sonhos e objetivos. Preciso ter sensibilidade para saber quanta paixão é necessária.

Deixe-me explicar: você já ouviu a expressão "como um elefante numa loja de cristais"? É assim que algumas pessoas expressam sua paixão: elas ficam de tal maneira inflamadas com seu entusiasmo que chegam a aborrecê-lo, e você acaba por rejeitar a presença delas, pois tudo parece extremamente falso e exagerado. A intensidade da paixão necessária a fazer o que deseja depende inteiramente de você. Contudo não imponha seu entusiasmo às pessoas, pois elas podem sentir-se desanimadas se ainda não tiverem chegado aonde você chegou. Sua atitude pode criar um clima de ressentimento, que é a última coisa que se quer. Não quero pessoas ressentidas comigo, quero animar e encorajar quem me rodeia. Para tanto, é preciso ter um certo grau de sensibilidade em relação às necessidades delas, em vez das minhas. Como você vê, alcançar e realizar tudo o que se quer na vida não significa fazer com que os outros se sintam inferiores a você. A maioria das pessoas já se sente assim no dia a dia. Suas conquistas, quando nada, devem encorajar as pessoas a atingir patamares mais elevados. Ser sensível ao demonstrar sua paixão não é apenas uma força essencial, mas também habilidade que, quando aprendida e dominada, representará uma vantagem e um dos fatores de seu sucesso.

SEMEADURA

Você já pensou em como as frutas e legumes chegam aos supermercados e, depois, a nossas mesas? Embora todos gostemos de verduras (eu, nem tanto, pois sou "mais chegado" numa carne), há uma etapa que, se ignorada, iria impedir que todo esse processo acontecesse. Essa etapa é a semeadura: os fazendeiros precisam distribuir as sementes no solo antes que qualquer verdura possa aparecer em seu prato. Sei que você está pensando: "Que grande novidade, Justin." Pense nela mesmo assim, trata-se de uma ação que gera várias recompensas. É a paixão que você dedica a seus esforços que vai fazer com que seus sonhos criem vida; é aquela primeira semente que você planta em sua mente que poderá originar uma ótima colheita, mas somente se você regá-la com paixão.

Parte das sementes plantadas pelos fazendeiros nunca brota, e algumas nunca chegam à colheita. Podemos extrair uma lição desse exemplo: só porque você está imbuído de paixão ao fazer algo não significa necessariamente que sua meta se transformará em realidade. Não acredito que os fazendeiros chorem a pequena parcela de sementes perdidas; eles continuam a colher a safra, sabendo que depois terão de replantar. Se algo não funciona para você, não perca o sono por causa disso e não jogue a toalha. Continue a se dedicar ao que está apresentando bons resultados, certifique-se de ter outros sonhos

ATITUDE 2

e metas prontos para serem semeados. Como digo sempre, se tudo desse certo para todos, o mundo inteiro estaria repleto de pessoas bem-sucedidas, usufruindo sonhos e objetivos. Não há mal nenhum em dedicar mais paixão do que o necessário, mas, sem semear seu sonho, cultivá-lo, regá-lo e colhê-lo, ele nunca se transformará em realidade. Assim como os fazendeiros que precisam levantar cedo e trabalhar em suas plantações, você também precisa trabalhar constantemente em sua safra em potencial: seus sonhos e metas. Não se esqueça, porém, de que os sonhos não passam de sementes até o momento em que você os rega com paixão.

INDIVIDUALIDADE

Você é quem você é. O que o faz vibrar, o que o faz pensar, o que o estimula, tudo isso representa você. E é essa mesma pessoa que tem o potencial de transformar sonhos em realidade. No fim, você é quem é, bom ou ruim. Depende de você ser o melhor possível. Com muita frequência, as pessoas começam a mudar quando atingem algum grau de sucesso na vida e, em alguns casos, para pior. Ser autêntico é extremamente importante na jornada da vida.

Conheço um rapaz que ficou bastante famoso recentemente. Embora ele tenha obtido algum sucesso com o passar dos anos, não era nada comparado ao que ele vivencia no momento. O problema é que ele mudou, não é mais a pessoa que tinha sonhos e objetivos, e está mais preocupado em ser como todos os que o cercam. Hoje, ele prefere "amoldar-se" à turma a que está ligado em vez de conservar sua individualidade (a mesma individualidade que o levou até onde se encontra atualmente). Seu crescimento foi interrompido, o que é uma grande pena, visto que ele ainda não atingiu todo o seu potencial.

Se você não ficar atento, sua paixão pode desaparecer tão depressa quanto nasceu. Não altere o grau de paixão necessário em sua vida, a menos que seja numa direção positiva. Um grande número de pessoas comete o grande erro de reduzir seus níveis de paixão assim que conquista um de seus sonhos ou metas. Seria diferente se elas percebessem que foi a paixão de querer realizar que as levou até onde estão e que, na verdade, se quiserem obter novas conquistas, será necessário um grau de paixão igual ou mesmo maior. Não importa qual será o resultado final, concretizando seus sonhos ou trabalhando neles, lembre-se de conservar seu verdadeiro eu.

É incrível o número de pessoas que tenta fazer com que eu mude, especialmente meu modo de falar. Parece que sempre estou recebendo "conselhos" de "profissionais" sobre a necessidade de acrescentar elementos a minhas palestras ou "talvez usar um terno, Justin". Por outro lado, atualmente recebo cerca de 80 e-mails por dia de pessoas que leram meu livro ou assistiram a uma de minhas palestras. Um dos aspectos constantemente observados é minha autenticidade: elas adoram o fato de eu ser eu mesmo em tudo o que faço, desde o modo de falar até o jeito de vestir (não que eu me vista mal, apenas não gosto muito de ternos). Como você vê, na opinião desses "especialistas", eu poderia mudar tudo. Mas estou preocupado com o meu público-alvo e, pelo que vejo, ele está bastante satisfeito com minha individualidade, gosta de mim do jeito que sou.

Seja você mesmo, não mude só porque os outros querem. Apresento mais detalhes sobre esse tema no capítulo 7, mas agora estou falando sobre ser fiel a si mesmo. Sempre haverá críticos que vão tentar mudar seu verdadeiro eu, mas é sua individualidade que o faz ser quem é.

CONTROLE

Parece que há falta de controle quando se trata de atingir os próprios objetivos. Parece que, em vez disso, as pessoas estão usando terceiros para concretizar suas metas. Qualquer que seja a meta que você decidiu perseguir, seja ela pessoal ou profissional, é preciso assumi-la desde o início. Há um velho ditado ainda citado hoje em dia que diz: "O que vem fácil vai fácil." Infelizmente, é dessa forma que as pessoas aceitam seu destino quando se trata de metas e sonhos. É fácil demais elaborar uma lista de objetivos sem assumir totalmente a realização de qualquer um deles.

Recentemente, após uma palestra, um homem de seus 40 anos de idade me procurou, aborrecido por constatar que era ele, e não os que o cercavam, o responsável pela situação em que se encontrava na vida. Não me lembro exatamente do que falei, mas deve ter sido o que ele precisava ouvir no momento. Ele vinha culpando terceiros por sua falta de sucesso em vez de assumir a responsabilidade por onde se encontrava na estrada da vida, estrada essa que era a mais fácil, a que apresentava menos dificuldades.

Ter paixão é ótimo, mas, quando é duradoura, pode acabar conduzindo à realização de sonhos e metas SOMENTE se você assumir o controle do rumo tomado desde o início. Garanto que você assumirá o controle de suas conquistas se tudo funcionar de acordo com o esperado. Nesse caso, você precisa envolver-se na jornada desde o começo, por completo, não apenas os bons resultados.

"NÃO NEGOCIÁVEL"

Talvez você já tenha ouvido falar de cheques "não negociáveis", mas, seja como for, é preciso que você analise essas duas palavras sob um ângulo diferente, como um elemento da paixão. Em termos leigos, "não negociável" significa que somente a pessoa ou empresa cujo nome está escrito no cheque em questão pode depositá-lo em sua conta. É uma pena que tão poucas pessoas adotem o princípio do "não negociável" a seus sonhos e objetivos. Por que permitimos que terceiros influenciem a paixão, os sonhos e os objetivos que fixamos para nós? Acho que, a partir do momento em que você deixa que outras pessoas afetem a intensidade de sua paixão, imediatamente permite (por omissão) que elas determinem o resultado de seus sonhos e metas.

Se você não escrever "não negociável" em seus cheques, estará, de certa forma, permitindo que qualquer pessoa modifique suas características; o mesmo princípio se aplica a seus sonhos. Você acaba de dar permissão total, embora talvez não consciente, para que qualquer pessoa altere seus planos grandiosos. Não sei se isso ocorre com você, mas, às vezes, já é difícil o bastante tentar manter-se focado na realização das próprias metas, sem que alguém se sinta no direito de dar palpites.

Como você pode ver, paixão é mais do que uma palavra. Paixão é algo que, se totalmente compreendido, vai lançá-lo no fantástico mundo de seus sonhos e objetivos. Preserve seus sonhos e metas, use o grau de sua paixão para saber o quanto realmente deseja que eles se transformem em realidade. Não subestime a paixão, pois, assim como pode gerar excelentes recompensas quando empregada, também deixa grandes lacunas quando negligenciada. Seja apaixonado, não apenas em relação aos resultados que deseja conseguir na vida, mas em relação à vida em si.

Capítulo 6

NÃO EXISTE A EXPRESSÃO "NÃO POSSO"

NESTE CAPÍTULO
- Eu não quero - Sou preguiçoso demais - Não quero me incomodar com isso - Não é o momento certo - Nada é impossível: adote a mentalidade de correr uma milha em quatro minutos

Capítulo 6 – Não existe a expressão "não posso"

Alguns anos atrás, recebi uma fotografia emoldurada de presente, após discursar em uma conferência de vendas. A fotografia exibia um automóvel descendo uma estrada sinuosa e íngreme entre as montanhas e, no rodapé, a legenda dizia: "Uma curva só significa o fim da estrada se você não conseguir acompanhá-la." É dessa maneira que encaro todas as situações e empreendimentos de que participo: não importa se se trata de minha vida pessoal ou empresarial, aplico essa afirmação a minha jornada.

Quantas pessoas você conhece (talvez até você mesmo) que desistem assim que surge uma dificuldade no trajeto? Tudo o que veem são as curvas da jornada em vez da estrada reta no sopé de sua montanha e, pior ainda, passam a dizer "NÃO POSSO". "Não posso" é uma desculpa; todos nós usamos desculpas em algum ponto da vida para justificar o rumo que tomamos ou a falta de realizações. O problema é que acabamos acreditando nas desculpas que criamos. Não demora muito e começamos a agir de acordo com esses "fatos" que, pouco tempo antes, eram apenas as desculpas que apresentávamos para justificar nossos rumos novos e equivocados. Decidi discutir esse tema porque, na maioria das vezes, achamos que "não posso" significa que algo simplesmente não pode ser realizado, e ponto-final. Acho que, quando as pessoas utilizam essa desculpa, estão, na realidade, querendo dizer uma ou mais das seguintes quatro frases: eu não quero, sou preguiçoso demais, não quero me incomodar com isso ou não é o momento certo. Vou discorrer sobre cada uma com mais detalhes.

EU NÃO QUERO

Esse é um processo mental consciente. Ao dizer isso, você está admitindo para si mesmo que realmente não quer caminhar na direção originalmente escolhida. Talvez seja a resposta adequada para alguns dos leitores nesse exato momento, é possível que vocês tenham tomado o caminho errado e lutado por algo que realmente não querem. Para outros, pode ser a desculpa que usam sempre que surgem dificuldades. Talvez, você tenha a esperança de que seus sonhos e objetivos se concretizem facilmente e esteja constatando que o esforço exigido ultrapassa em muito o que você está disposto a dedicar. É realmente uma pena que isso ocorra, pois os verdadeiros resultados são gerados por esforços verdadeiros. Provavelmente, você encontra pessoas que se encaixam nessa categoria todos os dias. Embora elas queiram tudo o que a vida tem a oferecer, facilmente atingem o ponto em que tudo se torna muito difícil e acabam desistindo. Elas podem até procurar justificar sua falta de realizações culpando os outros, mas não querer de verdade atingir determinado objetivo é o motivo real do fracasso delas.

SOU PREGUIÇOSO DEMAIS

A preguiça é, basicamente, a falta de ações apropriadas. Sem ação, não há como atingir as metas fixadas para si mesmo. Algumas pessoas chegam mesmo a acreditar que um dia alcançarão seus objetivos e viverão seus sonhos, sem erguer um dedo sequer. Ser preguiçoso provavelmente é a pior atitude mental a ser superada, pois ela tem o potencial de afetar todos os aspectos de sua vida. Pode passar a ser fácil demais justificar todos os motivos pelos quais você não atingiu suas metas, sem nunca admitir para si mesmo que tudo gira em torno de pura preguiça. Você vai saber se se insere nesse grupo assim que terminar de ler esta seção. Como acabo de dizer, preguiça é ausência de ação. Assim sendo, provoque uma reviravolta em suas ações e compreenda que nada mudará se você não mudar.

Tenho um amigo que tem tanto potencial que chega a assustar. Ele tem ótimas ideias para os negócios e bastaria que ele erguesse o traseiro da cadeira para ser uma pessoa muito bem-sucedida. O problema dele? É preguiçoso demais e espera que os outros realizem os sonhos dele. Agora atingiu o ponto em que ninguém quer se envolver com ele, pois todos sabem que acabarão por fazer todo o trabalho, enquanto ele colhe os louros da vitória. O maior problema dessas pessoas é que a maioria não se dá conta de que é preguiçosa. Na verdade, elas impedem o progresso de suas metas por não enxergarem as próprias falhas.

NÃO QUERO ME INCOMODAR COM ISSO

Essa é uma questão de atitude. Entre ela e o "sou preguiçoso demais", provavelmente é melhor admitir a primeira, não são muitos que o fazem. Quando o "não quero me incomodar com isso" for o verdadeiro motivo para não lutar por suas metas, tudo o que você precisa fazer é mudar seu modo de pensar e adotar uma atitude mais positiva. Você não pode culpar qualquer pessoa ou circunstância quando essa é a verdadeira razão. Depende de você, e mais ninguém, mudar tal tipo de mentalidade.

NÃO É O MOMENTO CERTO

Ainda estou para conhecer alguém que não quer ter algum sucesso na vida. Mas já conheci muitas pessoas que acham que isso é algo muito difícil e, assim, nem ao menos se dão ao trabalho de tentar. O primeiro passo é começar a fazer algo que possa aproximá-lo de seus sonhos, porque esperar pelo "momento perfeito" é perda de tempo. Hoje é o dia certo para começar: pare de adiar e de ser seu pesadelo pessoal e negativo.

São os "não posso" de nossas vidas, nosso modo de pensar e nossas ações que interrompem ou impedem nosso progresso. Construímos muros ao redor de nosso modo de pensar e de nossas ações que acabam por impossibilitar os resultados que poderíamos atingir.

Atitude 2

Sempre que diz "não posso", você treina sua mente para aceitar a pior opção. Isso, por sua vez, fará com que nunca atingir suas metas se torne um hábito.

Confeccionei uma camiseta com o seguinte slogan: "Ninguém treina para ser o segundo colocado." Ainda não assisti a uma corrida em que o segundo colocado afirma que terminar naquela posição era exatamente o que ele queria: isso simplesmente não acontece, todos os competidores estão lá para vencer. O que precisamos fazer é incutir a atitude mental, a determinação de concluir nossa corrida e chegar em primeiro lugar. A corrida a que me refiro não envolve outras pessoas: é a corrida contra o modo de pensar e as atitudes negativas; é a corrida da vida para aproveitá-la ao máximo com resultados insuperáveis, nossos resultados. Lembre-se, porém, de que você não irá obter pontos adicionais por atingir metas e concretizar sonhos em tempo recorde. Se você estiver impaciente demais, poderá enfrentar os riscos de tomar atalhos que podem acabar lhe custando seu sonho.

Um grande amigo meu foi muito feliz ao resumir a questão durante uma discussão sobre este capítulo. Ele disse: "Desculpas são como axilas, todos têm duas e ambas cheiram mal." Embora essa descrição pinte uma imagem mental horrível, ele tem razão. Desculpas nunca podem ser um motivo pelo qual sonhos e metas não se concretizam; elas apenas o obrigam a tomar um caminho que o afasta de seu destino e criam, o tempo todo, uma falsa sensação de absolvição sobre os motivos pelos quais você ainda não realizou nenhuma conquista. Quando você usa desculpas para justificar por que não consegue alcançar um determinado objetivo, está praticamente parando antes mesmo de começar. Você mal deu os primeiros passos em sua jornada, você olhou somente para o sopé da montanha e não para o alto.

Permita-me mostrar-lhe algumas desculpas com as quais talvez você se identifique:

- "O dia não tem horas suficientes para que eu passe tempo de qualidade com minha família, porque estou trabalhando muito para sustentá-la."
- "Não disponho de qualificações suficientes para iniciar meu próprio negócio."
- "É muito difícil poupar para a entrada da compra de uma casa."
- "Todo mundo é promovido no emprego, mas sou sempre ignorado sem motivo."

Todas essas desculpas são apenas pontos de vista unilaterais e parciais de uma situação. Muitas pessoas estão concretizando sonhos e objetivos todos os dias. É verdade que algumas delas podem, e quero enfatizar essa palavra, ter começado em melhores condições que você, mas existem milhares de indivíduos nesse mundo que foram bem-sucedidos em atingir suas metas e que se encontravam na mesma situação, se não pior, em que você está no momento. É fácil comparar-se aos outros e encontrar justificativas para suas falhas. Acredito que esse seja o maior erro que alguém possa cometer.

Tudo se resume em mudar sua mentalidade em relação a como conseguir o que quer na vida, assim como quanto a sua disposição de lutar pelo que quer.

NADA É IMPOSSÍVEL: ADOTE A MENTALIDADE DE CORRER UMA MILHA EM QUATRO MINUTOS

No início dos anos 50, o maior desafio para qualquer corredor era quebrar o recorde de quatro minutos para o trajeto de uma milha (1,6 quilômetro). Essa era uma meta que ninguém parecia ser capaz de atingir e frustrou atletas durante vários anos. Então, em 1954, um homem chamado Roger Bannister conseguiu o grande feito: ele correu uma milha em em três minutos e cinquenta segundos. Durante semanas, meses e até anos antes disso, muitos tentaram e fracassaram ao alcançar essa marca mágica. Ao constatar que Roger Bannister foi o primeiro na história a fazê-lo, você poderia imaginar que esse recorde mundial demoraria a ser quebrado. Bem, fiquei chocado quando constatei que vários atletas, cerca de 50 no mesmo ano, correram essa distância em menos de quatro minutos depois da conquista de Roger. O recorde representou uma barreira mental: depois que se provou que poderia ser quebrado, abriram-se as comportas para todos que vinham tentando o mesmo feito. Foi estabelecido um padrão antes de se quebrar o recorde, mas, assim que foi superado, um novo limite foi fixado. Você precisa verificar qual é seu padrão todos os dias; para obter um resultado melhor no dia seguinte, será preciso fixar um novo nível de exigência para o dia seguinte.

Levo um ditado na carteira: "O impossível é algo que ninguém consegue fazer até que alguém o consiga." Isso se aplicou à história da corrida de uma milha. O que você considera tão impossível a ponto de nem ao menos tentar? O que você acha que "não pode" fazer? O que está enevoando sua visão que o deixa ver somente os motivos pelos quais "não pode", em vez das razões pelas quais pode? Se você não alcançou os objetivos e sonhos que vem tentando concretizar há anos, é chegado o momento de abordá-los de uma forma diferente. Pare de procurar os motivos por que não obteve êxito e concentre-se no que precisa fazer para chegar lá.

Como nasci em 1970, não testemunhei a chegada do primeiro homem à Lua. Eu só posso imaginar os comentários e gracejos feitos quando a ideia da tentativa desse surpreendente feito foi apresentada pela primeira vez. Posso garantir que as observações ultrapassaram o velho "você não pode fazer isso". Posso garantir também que a palavra "impossível" foi proferida em inúmeras ocasiões. Eu diria que o pouso na Lua foi um dos eventos mais significativos na história deste planeta. E tudo nasceu de uma ideia inicial que se transformou numa fantástica realidade, passando a exercer tremendo impacto no modo de pensar das pessoas em todo o mundo. Qual é seu sonho ou objetivo do tipo "ida do homem à Lua"? Por que você não pode concretizá-lo e vivê-lo? Depende exclusivamente de você realizar sua meta. Ao dizer "não posso", você já está admitindo que não consegue enxergar o resultado final, nem a si mesmo, realizando seus objetivos e sonhos. Você acaba de ser acometido de miopia e está focando os problemas e obstáculos de curto prazo, em vez de enxergar o quadro geral. Você construiu um muro que continuará a bloquear sua visão até que ele seja derrubado.

Você se lembra da frase que diz: "Querer é poder"? Não há nada mais verdadeiro. Se você realmente quer uma coisa, irá obtê-la, não importa que dificuldades surjam no caminho. O que todos precisam fazer (posso estar parecendo otimista demais) é tirar a expressão "não posso" do vocabulário e substituí-la pela palavra "posso". Portanto, em vez de dizer: "Não posso me ver como dono de uma casa", você dirá: "Posso ter uma casa algum dia". Em vez de: "Não posso dirigir meu próprio negócio", você afirmará: "Um dia serei um empresário". Com a simples mudança de vocabulário, você estará mudando seu modo de pensar, o que, por sua vez, mudará suas atitudes. Você precisa compreender que suas palavras podem exercer um efeito significativo em suas ações. Não estou querendo dizer, de modo algum, que tudo irá ficar mais fácil de um dia para o outro e que, de repente, você vai acordar com tudo o que deseja; estou, sim, sugerindo que, ao mudar a forma de abordar os sonhos, as metas e, até mesmo, os problemas que estão impedindo seu progresso no momento, você irá, com uma atitude positiva e um processo de ação, começar a enxergar os problemas insignificantes como realmente são: insignificantes. Confie em mim, você irá se deparar com alguns problemas graves no caminho para o sucesso e é nesse momento que precisará de todo o seu foco. Não o desperdice em questões insignificantes e sem importância.

Você pode conseguir tudo o que deseja e pode superar quaisquer obstáculos: a escolha é só sua.

Capítulo 7

DESCOBRINDO SEUS DEFEITOS

Entre os primeiros obstáculos que você encontrará no caminho para a realização de seus sonhos, estão seus defeitos e fraquezas. "DEFEITOS?", você grita. "Não tenho defeitos!"

Bem, deixe-me dizer-lhe uma coisa: você os tem, quer goste ou não, e o fato de não admitir isso provavelmente é seu primeiro e maior defeito (se você é homem como eu, vai pensar sempre que não tem defeitos). O simples fato de você ter defeitos não significa que é pior do que as pessoas a sua volta. Todo mundo tem defeitos: alguns são visíveis para todos, enquanto outros se mantêm ocultos, fora da vista, somente você sabe que estão ali. Sejam eles grandes ou pequenos, permanece o fato de que eles precisam ser corrigidos e superados em algum momento. Por que não começar hoje?

É fácil demais viver sem corrigir quaisquer defeitos que possam retardar seu progresso. Nós nos apressamos a apontar os defeitos e as fraquezas de outras pessoas, mas, se alguém ousar fazer o mesmo conosco, somos capazes de ter um ataque e ficar muito aborrecidos. Algumas pessoas até ousam pensar que nossa vida é um mar de rosas. Em vez de esperar que terceiros apontem seus defeitos, por que não lidar com eles você mesmo e corrigi-los de uma vez por todas? Acredito que compreender seus defeitos e fraquezas é um sinal importante de força, porém não são muitas as pessoas que admitiriam, de boa vontade, para seus conhecidos, que sentem estar apresentando deficiências em algumas áreas. Hoje é o dia para tratar desses defeitos, não importa se grandes ou pequenos: dessa forma, você irá libertar-se e conseguir coisas maiores e melhores para sua vida. Veja bem, se você não corrigir os defeitos, estará dizendo, de certa forma, que aceita o fato de não progredir, o que, por sua vez, será exatamente a desculpa que você vai usar quando nada sair como o planejado. Você conhece a frase: "Por que ninguém me disse que eu precisava cuidar desses aspectos?" Culpar terceiros é um dos primeiros sinais de que você tem defeitos, e não é tarefa deles dizer onde você está cometendo

Atitude 2

erros. Os sonhos são seus, a vida é sua e, enfim, é sua a responsabilidade em dar atenção a tudo o que você é, seja bom ou ruim.

Há dois aspectos sobre os quais quero discorrer neste capítulo. O primeiro é como encontrar esses defeitos dentro de nós e como lidar com eles; o segundo é como lidar com as pessoas que apontam nossos defeitos, quer elas estejam certas ou não. Primeiro, vamos analisar seu caso. Ou melhor, você deve fazer isso. Que defeitos lhe vêm à mente sem ter de pensar a respeito? Garanto que você poderia criar uma lista contendo de cinco a dez facilmente. É um bom sinal. Esses são os defeitos que, por se encontrarem na superfície, podem ser tratados e corrigidos com relativa facilidade. São as outras áreas (você sabe quais são, os defeitos que as pessoas de sua intimidade citam quando você não quer ouvi-las) que mais necessitam de sua atenção; são aquelas que ocultamos de nós mesmos continuamente na esperança de que desapareçam ou não se manifestem outra vez.

Se você for um pouco parecido comigo, saberá que é uma pessoa bem equilibrada na maior parte do tempo. Você sabe que há alguns pequenos detalhes insignificantes que poderiam ser melhorados, mas não há muito com que se preocupar. Sua vida e seus planos estão caminhando a contento, e nada poderá impedir o progresso. Mas você também está ciente dos comentários que ocasionalmente escapam de pessoas próximas e que ressaltam uma área ou outra que, em sua opinião, está totalmente ajustada, de modo que isso deve significar que essas pessoas não sabem do que estão falando. Talvez você pense que elas estão tentando derrubá-lo porque não querem que você seja bem-sucedido. Não é nada disso! Talvez elas queiram apenas o melhor para você. Pode ser que você mesmo seja seu pior inimigo. Bem, são esses comentários constantemente repetidos que devem ser observados. Lembre-se apenas de uma coisa: se você não descobrir quais são seus defeitos, outros o farão e, na maioria das vezes, os apontarão com bastante franqueza. Na maioria dos casos, as pessoas que o amam e estão próximas a você só pensam em seu interesse. Se você ouve observações constantes sobre determinados defeitos, talvez, apenas talvez, haja alguma área que necessite de ajustes. O que nos leva ao segundo aspecto: como lidar com críticas. Nunca chegue ao ponto em que imagina poder dispensar conselhos e críticas construtivas. Essa é uma área na qual eu tive de trabalhar com afinco, pois detesto que mostrem minhas falhas; detesto que pessoas próximas me digam que estou agindo de modo arrogante, mas adoro as sensações que me invadem (e são sensações duradouras) quando lido com essas áreas e avanço para situações mais importantes e melhores.

O orgulho é uma boa qualidade, mas ele pode e vai retardar seus passos e afastá-lo de suas metas e sonhos só porque você permitiu que ele o atrapalhasse. A opinião que temos acerca de nós mesmos nem sempre é verdadeira; todos precisamos de amigos chegados e de familiares que nos influenciem e ofereçam suas opiniões. Confie em mim, isso às vezes é doloroso, pode abalar o velho orgulho e ferir o ego, mas servirá para fazer soar um forte toque de despertar que, se encarado adequadamente, pode desafiá-lo a retomar o rumo certo. Entretanto não se deixe envolver demais pela missão de caça aos defeitos. Isto é, às vezes passamos horas examinando o próprio umbigo na tentativa de encontrar os piores e mais sombrios defeitos, depois aprofundamos ainda mais a busca e assim por diante. Você precisa descobrir o defeito, lidar com ele, corrigi-lo e, então, passar a viver uma vida melhor e mais plena. É simples assim: não complique o processo em demasia, pois só conseguirá sentir vontade de fugir dos defeitos em vez de corrigi-los. Lembre, porém, que existem defeitos que fazem parte da personalidade de algumas pessoas há muito tempo. Foram necessários muitos anos para ser quem são, formar todas as suas atitudes, sentimentos e reações. Assim sendo, talvez seja preciso muito empenho para superá-los.

Quando se trata de lidar com as próprias falhas, considerando que sejam insignificantes, é preciso examinar sua vida através de um par de "óculos da honestidade". É necessário abordar todo o processo com objetividade de modo a poder tratar das áreas ocultas pelos defeitos superficiais que são visíveis para você e os que o cercam. Se não forem abordadas da forma adequada, a superfície, os sintomas visíveis serão corrigidos, e a raiz dos problemas ficará para trás. Consequentemente, você terá de lidar com os mesmos problemas novamente mais tarde, já que não receberam a atenção apropriada na primeira vez. Se seu jardim tem ervas daninhas, elas somente pararão de crescer se você as arrancar pela raiz; remover apenas o que se vê não solucionará o problema.

Ser honesto consigo mesmo pode ser tarefa das mais difíceis, mas, se realizada adequadamente, irá destacá-lo daqueles que se enganam continuamente ao pensar que tudo está resolvido. Já lhe ocorreu olhar-se no espelho, achar que a roupa nova não lhe caía muito bem, mas usou-a assim mesmo, para depois ouvir alguém comentar o que realmente achava de seu traje? A franqueza pode ofendê-lo, porém você sabe que a pessoa está certa. Você se coloca na defensiva, mas, se a crítica procede, isso de nada adianta. A situação teria sido menos dolorosa se você tivesse dado atenção a suas impressões quanto à roupa desde o início. O mesmo acontece com os defeitos dos quais você já tem conhecimento: por que esperar que alguém traga o assunto à baila se você mesmo tem condições de identificá-los e corrigi-los? Por que ficar aborrecido com os comentários de terceiros quando pode evitar tal situação corrigindo você mesmo essas questões?

Vamos usar esse processo de descoberta de defeitos em um exemplo comercial. Se você for dono de uma empresa, encontrar as imperfeições dela deve ser uma de suas prioridades máximas. Veja bem, você acabará por perder os clientes se eles precisarem suportar falhas apenas porque você não se incomodou em corrigi-las. Recentemente, recebi uma amostra extrema desse tipo de atitude: minha mulher e eu instalamos uma piscina de hidromassagem no fundo de nossa casa, no ano passado. Era algo que queríamos há muito e decidimos que chegara o momento de efetuar a compra. Pesquisei, analisei vários folhetos e me decidi por uma empresa que fabricava e vendia o equipamento. Imaginei que assim não conseguiria apenas um bom preço, mas, também, receberia um produto de boa qualidade. Escolhemos o modelo, acrescentamos alguns opcionais, fizemos o pedido e combinamos que tudo seria entregue antes do Natal para que pudéssemos usufruir o equipamento nos feriados. O material nos foi entregue somente no mês de fevereiro seguinte. Tínhamos pago o frete, mas, na época do envio, informaram que eu precisaria de mais três pessoas para carregar o equipamento até o local de instalação, visto que o frete cobria a entrega somente até a entrada da residência (tem cabimento uma coisa dessas?). Depois de apenas dois dias, os problemas começaram: primeiro, o aparelho estéreo à prova d'água molhou e parou de funcionar. Liguei para a empresa só para ouvir que certamente havíamos feito algo errado. No dia seguinte, saí para usar a piscina com minha filha e constatei que a água havia vazado devido à instalação malfeita dos canos. Mais uma vez, telefonei para a empresa. No dia seguinte, o painel de controle encheu de água e, pela segunda vez, o estéreo teve de ser substituído, pois foi danificado pela água. Durante todo esse tempo, estivemos esperando pela troca da cobertura da piscina, pois a que recebemos era muito pequena. Em seguida, o estéreo teve de ser substituído mais uma vez por causa da água e, ainda por cima, ocorreu novo vazamento. Para mim, foi a gota-d'água. Liguei a fim de descobrir quem era o diretor-executivo; seu nome me foi informado e comecei a escrever uma longa e detalhada carta, contando sobre o péssimo produto e atendimento que havíamos recebido e o tratamento que nos foi dispensado durante toda a penosa experiência. Recebemos resposta? NENHUMA! Voltei a ligar uma semana depois só para descobrir que a pessoa a quem enviara a carta não era o diretor-executivo. Na verdade, esse cargo era ocupado pela mulher que me dera essa informação.

Que falta de ética! Podia-se ver de longe que a empresa enfrentava algumas questões graves. O problema era que as pessoas envolvidas não viam que havia algo de errado. Fui punido pelo telefone por me queixar demais. O gerente de "atendimento ao cliente" me disse que os funcionários do escritório não queriam mais me atender por saberem que haveria mais alguma coisa a ser consertada. Chegaram a me dizer: "Alguns de nossos clientes nem ao menos merecem o nosso atendimento, sr. Herald." Fiquei boquiaberto. Ali se encontrava um cliente (eu) apontando para o óbvio, mas, segundo eles, não havia falha alguma, as falhas eram do cliente. Parecia que tudo o que ele fazia era atrapalhá-los, dia após dia, fato estranho para uma empresa que contava com a clientela para progredir. Qualquer empresa que se considere melhor do que seus clientes está fadada a fracassar; agora, passado um ano, adoraria saber se essa empresa ainda está funcionando com o mesmo tipo de atitude.

Você tem duas opções quando é abordado por alguém que lhe mostra seus defeitos: ou você escuta e toma uma atitude, ou ignora os comentários. No fim, o resultado vai depender do que você fizer com o que ouviu. Nem todos têm razão quando se trata de apontar suas falhas, esse é um fato. Mas, no dia em que você se fechar à influência das pessoas próximas para promover uma melhoria em sua vida, será o dia em que você vai parar de crescer. Porém seja cuidadoso com quem você deixa influenciar sua vida. Existem muitas pessoas que apontam suas falhas quando, na verdade, querem apenas derrubá-lo. Somente pessoas próximas de mim têm permissão de mostrar os erros que preciso corrigir, pois sei que elas só querem meu bem. Haverá pessoas a seu redor que realmente não se importam se você vai ficar ofendido com o que dizem, e elas devem ser evitadas a todo o custo, pois podem levar um elemento pernicioso a sua vida.

Você pode dar ouvidos aos que lhe mostram os defeitos que você tem ou ignorar essas observações. Essa é uma escolha inteiramente sua. Porém note que, se você ignorar tudo o que é dito a seu respeito, em breve estará sozinho para lidar com suas falhas. E, então, não culpe os que o cercam, pois é muito fácil responsabilizar os outros. Não faça isso, assuma você mesmo essa responsabilidade. A verdade é que quase sempre nossos defeitos são ostensivamente evidentes a todos que nos cercam, mas não a nós mesmos. Aprenda a ler os sinais, fique atento ao que as pessoas lhe dizem e enfrente essas questões. Melhor ainda, dê o primeiro passo, proceda a uma autoanálise e lide com os grandes e pequenos defeitos que durante anos vêm impedindo você de obter tudo o que pode. Depois que tratar de seus defeitos, sejam grandes ou insignificantes, você poderá retomar o caminho para conquistar tudo o que deseja na vida. O processo vai mudar seu futuro e, certamente, isso é um motivo pelo qual vale a pena se entusiasmar. Então, o que você está esperando?

Capítulo **8**

AARGHH!
A MENTALIDADE
DE VÍTIMA

Capítulo 8 – Aarghh! A mentalidade de vítima

Os que leram meu primeiro livro, ouviram-me falar em algum seminário ou conferência ou conversaram comigo ao telefone irão compreender o que sinto em relação a pessoas que continuamente desempenham o papel de vítima. Não suporto pessoas que tentam progredir manipulando a todos que as cercam para que sintam pena delas; elas imaginam que, ao agir assim, conseguirão que terceiros realizem por elas o que querem. Tal atitude me deixa muito zangado. Manipular as emoções dos outros não é, de modo algum, um comportamento do qual possamos nos orgulhar. Essas pessoas apenas estão provando que não têm vontade de trabalhar e realizar algo por meio do próprio esforço, que irão empregar táticas dissimuladas e desleais para progredir, não importa quem seja usado ou, com frequência, também magoado no processo. Cedo ou tarde, elas constatarão que se distanciaram de todos, pois ninguém gosta de ser emocionalmente usado. Você sabe de quem estou falando: são as pessoas que sempre tomam e nunca dão nada em troca. Elas o esgotam emocionalmente, querem que você as ajude o tempo todo, mas nunca aceitam seus conselhos. E, quando você precisa de um amigo ou somente alguém com quem conversar, elas nunca estão por perto ou estão "ocupadas demais". Porém, assim que você realiza algo, lá estão elas, de volta, como sanguessugas que tentam sugar-lhe até a última gota de vida. Egoísmo é a marca registrada da mentalidade de vítima. Tudo gira em torno dela. Não importa se a vida da vítima está indo bem ou não, ela sempre torcerá os fatos de modo a parecer que se encontra em desvantagem para que todos os demais satisfaçam suas inseguranças.

Eu pratico exercícios na academia quase todas as manhãs e comecei a observar certos padrões entre alguns dos frequentadores assíduos. Não gosto de perder tempo quando me exercito; prefiro me concentrar ao máximo, concluir o que tenho de fazer, praticar minha série de exercícios e ir para o escritório. Quanto mais velho fico, menos tempo quero despender me exercitando, de modo que costumo passar o menor tempo possível conversando com os demais associados. Para algumas pessoas, a academia parece ser o local onde elas poderiam passar o dia conversando, o que, para mim, já é um fator que anula o objetivo principal. Vejo que algumas pessoas entram, ficam paradas, falam durante meia hora ou mais e depois vão embora sem derrubar uma gota de suor sequer. Recentemente, venho observando uma mulher que obedece a mesma rotina sempre que chega. Assim que inicia os exercícios, uma de suas amigas aparece e elas logo começam a papear. Ela, então, passa a discorrer sobre tudo o que acha estar errado com o corpo dela naquele dia e sobre o que a deixa insatisfeita com a vida, até que ouve as palavras: "Eu acho que você está ótima." Em seguida, ela volta a se exercitar mais um pouco, isto é, até que outra pessoa entre. Ela, então, se levanta, vai até o recém-chegado e fala sobre o que acha que está errado com o corpo dela naquele dia até que, você adivinhou, ela escuta as palavras: "Eu acho que você está ótima." Ela passa por todos os conhecidos na academia e age sempre da mesma maneira; tudo o que ela quer ouvir é o que ela quer ouvir. Ela joga o jogo da vítima em que os outros devem levantar-lhe o moral, mas apenas do jeito que lhe convém, só está interessada nela mesma. Ainda estou esperando que algum dia ela faça algum comentário ou pergunta sobre outra pessoa. Ela está em busca de algo que a fará sentir-se melhor, mas precisa começar a acreditar nela mesma e não nos comentários de terceiros. Acho que ela não aceitaria de bom grado que alguém lhe dissesse que precisa perder mais peso, fazer mais musculação, ou que está choramingando demais. Também notei que há semanas em que ela fala com quase todo mundo e, em outras, em que reduz a lista por não ter obtido a reação desejada de determinadas pessoas na semana anterior. Ela apenas escuta aquelas que sabe que irão satisfazer suas inseguranças. Acredito que, em breve, ela não terá mais pessoas que lhe levantem o ânimo, pois todas terão percebido que servem apenas para fazer com que se sinta bem.

Adotar uma mentalidade que o coloca no papel de vítima não é a melhor forma de proceder. Ao agir de acordo com um cenário negativo, você somente admite sua derrota. Tudo gira em torno do que você acha que precisa ouvir, não do que precisa ser dito. Na verdade, você está dizendo a si mesmo que está desistindo, que irá culpar a todos por tudo de ruim que teve ou terá de passar durante o resto da vida. Você acredita estar certo e que seu modo de pensar e suas ações se justificam, não importa o que os outros digam.

E há também o que chamo de mentalidade assistencialista, uma versão da mentalidade de vítima que supõe, basicamente, que todos estão em dívida com você. É possível que você tenha trabalhado duro durante anos, que tenha tentado progredir e que tenha sentido o sabor do sucesso para depois perdê-lo, e agora, acha que o mundo lhe deve algo. Não importa o que tenha feito na vida, o que tenha passado ou que fatos infelizes tenham ocorrido; se tiver a intenção de concretizar seus sonhos e objetivos, só você pode levar a si mesmo até eles. O fato de achar que todos estão em dívida com você só irá fazê-lo regredir, porque ninguém lhe deve nada. E, se continuar a acreditar que a vida lhe deve algo, estará criando um ambiente que afirma que "tudo bem se eu não alcançar minhas metas, porque alguém virá me buscar e me levará até elas". Você está se iludindo ao acreditar que tudo acabará dando certo porque a vida lhe deve o sucesso.

Tive várias oportunidades de falar para grupos de pessoas desempregadas há muito tempo. A maioria dessas pessoas quer mudar as circunstâncias que as cercam, elas estão cansadas de se encontrar nessa situação. Contudo, há uma minoria nesse grupo que acha que deve receber tudo, acha que está no direito de receber ajuda do governo (na verdade, somos nós que cuidamos delas por intermédio dos impostos). Esses indivíduos acreditam que a responsabilidade de tirá-los dessa situação é de todo mundo e, assim, simplesmente ficam sentados e criam um ambiente ao qual estão mentalmente presos.

Isso é uma piada: ninguém lhe deve nada. No instante em que você começar a pensar dessa forma, estará se preparando para não alcançar seus sonhos e metas. A única pessoa que lhe deve alguma coisa é quem está lendo este capítulo agora: VOCÊ! A mentalidade assistencialista dessa minoria precisa mudar. Essas pessoas precisam deixar de ser vítimas e passar a ser as vitoriosas nas situações que vivenciam. É verdade que talvez tenham passado por maus momentos em empregos anteriores e feito algumas escolhas insatisfatórias, mas, no fim, a situação em que vivem somente vai mudar se elas mudarem. Elas precisam abandonar a mentalidade de que são vítimas de sua própria vida e das circunstâncias, esse modo de pensar é destrutivo. O problema em adotar tal modo de pensar é que você começa a acreditar que vai sempre estar em desvantagem. Como já afirmei várias vezes, a única forma de modificar sua situação de amanhã é proceder a mudanças em seu modo de pensar e, por conseguinte, em suas ações, mas hoje.

Assim que você incorpora a mentalidade de vítima, começa a criar um estilo de vida que propicia a sua continuidade. Você vai abordar tudo em que trabalhar, seja em sua vida pessoal, familiar ou profissional, com um senso de vitimização. Você irá começar a encarar todos a seu redor de forma distorcida, especialmente se estiverem experimentando algum sucesso. Você vai vê-los como inimigos, e a inveja guiará todos os seus pensamentos e ações. Você irá desprezar todos os que forem bem-sucedidos.

Há poucas semanas, depois de ter concluído uma palestra em um evento empresarial, um senhor de meia-idade se aproximou. As primeiras palavras que lhe saíram da boca foram: "Tudo bem para você, que cresceu num lar agradável." Ele estava totalmente certo: realmente cresci num bom ambiente, mas eu poderia ter seguido qualquer caminho. Eu poderia ter me transformado em uma pessoa bem-sucedida ou poderia ter culpado a todos por tudo o que fiz. Se você justificar seus fracassos responsabilizando o passado, o futuro nunca irá mudar. Veja bem, você quer que todos que o cercam compartilhem o que conseguiu na vida, que todos "sintam e dividam seu sofrimento". Provavelmente, esse é o maior erro que você pode cometer. Ao esperar que os outros desçam a seu nível, você se aliena dos que realmente se importam com você. Você está se forçando a ficar de fora, basicamente alimentando seu próprio monstro. Acontece, então, que você começa a se sentir ainda mais vitimado, porque ninguém "compreende o que estou passando". E ninguém vai compreender; na verdade, ninguém vai querer. As pessoas querem o melhor para você e, se você somente se autodestrói, vai obrigá-los a se afastar. É uma pena permitirmos que tais atitudes e ações negativas assumam e guiem nossa vida. Bancar a vítima é uma maneira muito egoísta de viver. Imagine que resultados poderíamos obter de imediato se concentrássemos toda essa energia empregada para sentir pena de nós mesmos (com atitudes negativas) e a canalizássemos para ações positivas.

Quando agimos de acordo com uma mentalidade de vítima, estamos dizendo a nós mesmos e aos que nos rodeiam que não vamos mudar, que estamos satisfeitos com uma vida abaixo de nossos próprios padrões, que todos os demais devem ajustar-se a nossas inseguranças. Você quer que as pessoas se solidarizem com o que sente e, mesmo quando isso ocorre, ainda conta a todos por que não consegue obter êxito na vida. É uma maneira insensata de encarar a vida, mas aposto que você já se lembrou de conhecidos que agem dessa forma, talvez seja até você! Se você está passando pela vida dessa maneira, precisa mudar radicalmente sua atitude. Enquanto não o fizer, ficará preso fazendo as mesmas coisas da mesma velha maneira com os mesmos velhos resultados. O que você obtém da vida é um reflexo direto de seu empenho. Se todos os esforços se dirigirem à tarefa de mostrar aos outros por que não alcança os objetivos desejados, então é bastante evidente qual será o resultado final.

Esta última seção é dedicada aos que estão lendo este capítulo e que sabem ou acabam de constatar que têm jogado o jogo da vítima.

Atitude 2

Pare já! Compreenda que, quanto mais tempo você desempenhar esse papel, mais vai demorar a conquistar tudo o que deseja na vida. Você não irá conseguir nada além de dissabores e acabará perdendo as pessoas que o cercam apenas porque se recusou a modificar seu ponto de vista. Ninguém gosta de chorões, de quem culpa tudo, menos a si mesmo, pelos resultados que alcança. Conquiste uma vitória sobre os eventos que o cercam, assuma o controle sobre seu destino. Haverá pessoas que irão querer derrubá-lo durante toda a jornada: certifique-se apenas de que essa pessoa não é você. O que passou, passou, pertence ao passado. Você precisa concentrar-se no que vai lhe acontecer no futuro. Passe de vítima a vitorioso: isso é algo que você pode controlar.

Capítulo 9

SE NADA MUDAR, NADA MUDARÁ

Atitude 2

Discorri demoradamente sobre alguns obstáculos que se interpõem no caminho das mudanças. Agora, quero falar sobre a mudança em si e como agir para enfrentá-la. Mudança é uma palavra que muitos tentam evitar e que chega a dar calafrios. Algumas pessoas até mesmo a encaram como um palavrão: não querem ouvi-la, não querem aplicá-la e, simplesmente, não querem ter nada a ver com ela e com o que representa. É possível que você tenha tentado mudar no passado, com pouco ou nenhum resultado e, consequentemente, acha melhor continuar vivendo da mesma maneira; dessa forma, poderá evitar quaisquer transtornos. ERRADO! Talvez você esteja dizendo a si mesmo que este capítulo não serve para você porque não há nada a ser mudado em sua vida. ERRADO OUTRA VEZ! Todos precisamos lidar com mudanças em uma ou mais áreas da vida. Ninguém está livre desse processo.

Quando tratamos de mudanças, temos condições de superar vários problemas e obstáculos recorrentes que vimos enfrentando na vida, não só nos negócios e no trabalho, mas também, e mais importante, na vida pessoal. Então, por que motivo tantas pessoas preferem permanecer as mesmas, suportando problemas que, na realidade, as estão impedindo de seguir em frente? Um número excessivo de pessoas tenta viver fazendo sempre as mesmas coisas da mesma maneira. Embora isso possa parecer seguro e, até mesmo "certo", não as aproximará de seus sonhos e metas. Deixe-me explicar: como o título deste capítulo sugere, se não estivermos preparados para lidar com as mudanças que precisamos fazer, acabaremos fazendo as mesmas coisas da mesma maneira e com os mesmos resultados, o que só nos trará frustrações. Somos nós que criamos tal situação, no entanto ainda continuamos percorrendo o mesmo caminho. Se você quiser ser diferente e melhor no dia de amanhã, deve lidar com as mudanças em sua vida, hoje. É possível que algumas delas sejam insignificantes e que outras sejam maiores. As mudanças mais importantes que tive de enfrentar na vida ocorreram em áreas talvez menos visíveis e óbvias aos outros, ou seja, em atitudes, processos de pensamento e, até, relacionamentos.

O primeiro aspecto ao qual tive de dar atenção quando fundei a Attitude Inc.® foi minha atitude em relação a dinheiro, que era péssima. Nunca soube dar valor ao dinheiro e foi por esse motivo que, aos 25 anos, eu tinha apenas $50 no bolso. Eu costumava gastar meu salário assim que o recebia, sem nunca considerar o longo prazo ou pensar nele. Eu queria apenas viver o momento e confiava que, no dia seguinte, tudo se ajeitaria. Se eu não tivesse procurado uma solução para essa falha logo no início da empresa, não poderia, de modo algum, me encontrar aqui usufruindo meu sonho. Talvez nem todos vocês tenham problemas com dinheiro, mas alguns irão compreender exatamente o que estou falando; tive de superar e lidar com essa dificuldade com seriedade antes de poder avançar em minha vida profissional. Não se prenda a comportamentos antigos simplesmente por achar que eles fazem parte daquilo que forma sua essência, especialmente se eles são o motivo para você não atingir todo o potencial. Para algumas pessoas, as dificuldades e problemas se assemelham um pouco a um cobertor de segurança, elas se recusam a abandoná-lo. Às vezes, parece mais fácil prender-se a essas questões e usá-las para justificar as fraquezas; elas se transformam em muletas nas quais nos apoiamos enquanto justificamos nossas falhas a nós mesmos e a qualquer pessoa que queira ouvir.

Há pessoas que atravessam a vida com o que eu chamo de a "manqueira do perdedor". Você já participou de jogos em que estivesse ganhando e, de repente, o oponente "tropeça" e começa a mancar para que a partida seja cancelada devido a uma "contusão"? Isso não ocorre somente nos esportes. Assim que o jogo endurece um pouco, não importa o que se esteja fazendo, algumas pessoas são acometidas de uma "manqueira" e esperam que todos os demais deem atenção a ela. Ao agir assim, acreditam que seus resultados muito abaixo do esperado serão desculpados e até mesmo acabam se convencendo de que se encontram em desvantagem.

Acredito que mudança represente libertação. Quando nos livramos de fatores que estão nos retardando, libertamos nossas mentes e, consequentemente, nossas ações para tentar novas experiências, viver de modo diferente e encarar todos os aspectos da vida sob um ponto de vista novo e melhor. É essa libertação que todos devem querer atingir. Um excessivo número de pessoas pensa no sofrimento que a mudança representa, em vez da produtividade que ela irá gerar. Não há melhor sensação do que a de pensar numa nova etapa ou agir para atingir níveis nunca antes imaginados. E tudo isso é resultado de uma mudança em algo, em seu modo de ser ou na maneira de viver a vida. A mudança propicia uma lucidez que o faz enxergar um quadro melhor e mais claro de sua vida. Lucidez é algo que parece estar faltando aos ideais de muitas pessoas; suas metas e sonhos estão totalmente enevoados. É verdade que elas sabem que têm alguns sonhos e metas, mas não dispõem da clareza de visão para saber exatamente onde se encontram ou o que será necessário para concretizar qualquer um deles.

Não sei quanto a você, mas, após anos de constantes fracassos na realização de metas e sonhos, eu estava preparado para tentar atingi-los com métodos diferentes dos empregados no passado. Até a idade de 25 anos, embora tentasse alcançar algumas de minhas metas, na realidade eu continuava o mesmo, vivendo a vida tentando fazer com que tudo se acomodasse a meu redor e de quem eu era na época. Nunca me ocorrera que eu e meu modo de abordar os fatos e encarar a vida poderiam estar me impedindo de chegar a algum lugar. O que você tem feito da mesma maneira durante anos a fio? O que você espera da vida, mas ainda não conseguiu obter? Quem você está culpando em vez de a si mesmo? Se você mudar seus métodos ou táticas, há uma possibilidade de que comece a avançar com mais rapidez em direção a suas metas. Muitas pessoas preferem ater-se a suas zonas de conforto, não querem confrontar os problemas e aspectos que estão bloqueando a jornada. Elas preferem deixá-los de lado e não perturbá-los, na vã esperança de que simplesmente desapareçam por iniciativa própria. Bem, isso não vai acontecer e quanto mais você esperar para tratar de questões que exigem solução, mais vai demorar para superá-las e seguir em frente para conquistar tudo o que deseja da vida. O mofo segue o mesmo princípio: se você o deixar na parede do chuveiro durante um ano, o esforço necessário para removê-lo será muito maior do que se você o limpasse todas as semanas. Assim sendo, examine constantemente sua vida com uma lente de aumento e encontre os fatos que o impedem de avançar ou retardam o progresso, antes que seja tarde demais. Porém, não espere ter uma personalidade diferente no dia seguinte: esse é um grande erro cometido pelas pessoas. E então, devido à frustração de não obter resultados imediatos, elas retornam ao velho eu. Foram necessários vários anos para ser quem você é hoje. O modo de encarar a vida, a forma de lidar com os problemas e a maneira de reagir foram formados durante muitos anos. Assim sendo, não é sensato esperar que alguma coisa mude de um dia para o outro só porque você quer. É preciso agir com muito esforço nessas questões, até que você se veja obrigado a abordar tudo o que faz de uma forma totalmente diversa. Lembre-se: só é possível extrair um diamante de uma pedra de carvão após uma enorme e demorada pressão. Você precisará suportar essa pressão, a fim de extrair o diamante que existe em sua vida. Se desistir depressa demais, terá de se contentar com um resultado insatisfatório.

Você provavelmente já ouviu o ditado: "Se não está quebrado, não precisa de conserto." Bem, eu discordo ou, pelo menos, acho que é um tanto superficial. Todos precisamos dar uma boa olhada em nós mesmos e nas situações que vivemos, e verificar se há algo quebrado ou se existem algumas rachaduras. Você realiza uma análise profunda, apenas dá atenção aos problemas à medida que surgem ou fica atento a rachaduras que começam a se manifestar? Essas mesmas

Atitude 2

rachaduras, se ignoradas, podem se transformar em tragédias com capacidade de alterar toda uma vida. Muitas pessoas esperam até que as rachaduras atinjam proporções enormes antes de começar a corrigi-las. De certa forma, elas são mais fáceis de reparar do que as pequenas, por serem mais evidentes. Entretanto, se não formos cuidadosos, há muitas rachaduras leves na vida que podem aumentar todas ao mesmo tempo.

Tive muitos ossos quebrados durante a vida, quase todos por causa de minha juventude e falta de sensatez. Também sofri fraturas leves que nem sempre puderam ser facilmente constatadas, por serem minúsculas, que provocaram muitas dores, mas, se eu não tivesse me submetido a uma radiografia e iniciado um tratamento, a fratura leve se agravaria e causaria ainda mais sofrimento e problemas potencialmente maiores no futuro. É desta maneira que algumas pessoas lidam com seus problemas: corrigem os que são visíveis para elas e os que as cercam, porém são as pequenas coisas que, se ignoradas e não questionadas, se transformarão em problemas graves que vão atrasá-las e mudar seus rumos. No final das contas, voltar ao caminho certo pode demorar muito mais e representar um grande desperdício de tempo, só porque não estávamos dispostos a analisar os aspectos que exigiam mudanças com mais atenção e com a mente aberta.

Às vezes, as maiores reviravoltas ocorrem em áreas que normalmente não levamos em consideração. Muitas pessoas não contemplam a ideia de uma mudança por se sentirem bem do jeito que estão no momento e por recearem mexer num time que está ganhando. Elas compreendem que existem aspectos que talvez necessitem um pouco de atenção, mas sentem que lidar com eles provocará uma outra série de problemas e preferem deixar tudo como está. É fácil entender por que tantas pessoas se sentem assim, mas a realidade é bem diferente; as mudanças, e me refiro a mudanças analisadas e planejadas com cuidado, são acompanhadas de um senso de libertação e propósito. Deixe-me explicar: imagine que você esteja tentando concretizar seus sonhos há muito tempo. Embora tenha atingido alguns sucessos, ainda se sente longe dos resultados desejados, e a frustração começa a se instalar, o que o impele a tomar decisões insensatas e assumir compromissos sem entusiasmo.

Quando mudamos pontos de vista, abordagens e até mesmo métodos utilizados, perspectivas totalmente novas se abrirão a nossa frente. Começamos a constatar que, ao fazer as coisas sempre da mesma forma, estamos somente correndo atrás de nossos sonhos em vez de dedicar todos os nossos esforços a sua realização. Quando eliminamos o caos a nossa frente, temos uma visão totalmente diversa dos fatos e constatamos que nossos sonhos e metas estão muito mais próximos do que imaginávamos. Viver uma vida plena e próspera não é fácil e exige esforço; assim sendo, não precisamos aumentar a pressão exercida por problemas recorrentes que nos afastam de nossas metas. Nossa atenção deve se concentrar no quadro geral, não em áreas que nos impedem de obter tudo o que desejamos. Uma visão desimpedida nos permite atingir metas com mais rapidez. Se você está combatendo os mesmos problemas (não importa se grandes ou pequenos) o tempo todo, é natural que leve mais tempo para ser bem-sucedido. É preciso dominar as áreas que nos retardam, seguir em frente e voltar nossa atenção a nossos sonhos e objetivos, em vez de aos aspectos que nos trazem nada mais que resultados negativos.

Recapitulando o que afirmei no capítulo 3, a insegurança quanto ao que querem da vida provavelmente é o principal fator que impede as pessoas de alcançarem seus objetivos, para começar. Esse comentário pode parecer tolo, mas vou esclarecer o que quero dizer: muitas pessoas passam pela vida esperando que algo de bom "aconteça" sem saber o que isso realmente significa. Precisamos perguntar a nós mesmos o que desejamos da vida; sem rumo certo, não chegaremos a lugar algum. É possível que pessoas que se queixam de não chegar nem perto de onde gostariam de estar na vida nesse momento nunca tenham elaborado um plano ou traçado o caminho a seguir. Talvez elas tenham tentado seguir o caminho percorrido por terceiros, e isso nunca funciona, ou desistido antes de começar por acharem que tinham problemas demais a resolver. Todos precisamos planejar, todos temos problemas e precisamos proceder a mudanças em nossas vidas constantemente. Mas não pense que depois de solucionados os problemas você ficará bem o resto da vida. É preciso enfrentar mudanças todos os dias, caso contrário a jornada será interrompida. Confie em mim, as áreas com que preciso lidar hoje são muito maiores e mais difíceis de corrigir do que as enfrentadas quando iniciei meu negócio. Com o sucesso, vem a responsabilidade, não só em relação a terceiros, mas também, e mais importante, em relação a nós mesmos. Precisamos antes ser responsáveis conosco, pois dessa forma, poderemos ajudar outras pessoas em sua luta com conhecimento de causa, sem ser só por meio de uma retórica complexa.

    Descubra hoje o que quer e aonde pretende chegar. Feito isso, trate as áreas que irão exigir mudanças e atenção. Não adote a tática de apenas "seguir a corrente", pois ela fará com que você seja controlado pelas situações e circunstâncias que o cercam. Assuma a responsabilidade, tenha o controle e comece a mudar as áreas que hoje o estão retardando.

Capítulo 10

SEM SACRIFÍCIOS, NÃO HÁ RECOMPENSAS

ATITUDE 2

A palavra "sacrifício" parece aterrorizar as pessoas. Quando pensam em sacrifício, elas lembram automaticamente o que estão perdendo e não o que poderiam ganhar. Neste capítulo, quero modificar sua opinião sobre essa palavra e esse processo. Em meu primeiro livro, falei sobre a "faxina de primavera", um procedimento que realizo a cada três meses e em que faço uma análise profunda dos que me cercam e, ainda mais intensa, de mim mesmo. Analiso meus parceiros de negócios, meus amigos e pessoas com quem mantenho contato eventual. Se alguma dessas pessoas está fazendo com que eu me desvie do que pretendo atingir, ou se eu estou exercendo nelas um efeito negativo, elimino-as de minha vida. Ajo de maneira a não magoá-las e procuro não parecer melhor do que elas, mas apenas me desligo delas, lenta e gradativamente. Ajo assim porque, às vezes, embora eu aprecie a companhia delas, também estou ciente de que preciso melhorar todos os dias e, para tanto, devo caminhar sempre para a frente. Se estou cercado pelas mesmas pessoas com os mesmos problemas o tempo todo, vou viver minha vida sempre da mesma maneira.

Recentemente, comprei um automóvel novo para minha mulher. O carro anterior de Vanessa era uma caminhonete com tração nas quatro rodas, que não cabia em nossa garagem com espaço para dois veículos, e ela estacionava fora todas as noites. O carro novo era seu orgulho e alegria, cabia na garagem e ela queria que ficasse bem guardado. Nossa garagem, porém, era uma grande desordem. Você certamente sabe do que estou falando: por todos os cantos, amontoavam-se coisas que havia tirado da casa durante anos, até objetos usados que Vanessa e nossa filha, Jade, haviam comprado de famílias em mudança, o lixo dos outros que passou a ser nosso lixo. A solução para o problema era bastante simples: tínhamos de limpar a garagem para criar espaço para o carro novo de Vanessa. Tarefa bastante simples, você diria: ledo engano! Havia objetos meus, de Vanessa e muitas coisas velhas de Jade que havíamos guardado e de que, simplesmente, não queríamos nos desfazer. Certo sábado, decidimos que aquele seria "o grande dia da faxina na garagem". Começamos por tirar tudo o que impedia a entrada do carro de Vanessa e colocamos na grama para examinar depois. Então, como já estávamos com a mão na massa, resolvemos limpar também o restante da garagem. Formamos três pilhas com os objetos de Vanessa, de Jade e os meus, pois, dessa forma, poderíamos examinar cada uma separadamente e jogar fora ou doar o que não era mais necessário. Adotamos uma regra: seríamos implacáveis. Bem, devo dizer algo sobre meu comportamento naquele dia. Sou um "colecionador": quando comecei a examinar minha pilha, descobri que tudo nela era tão importante que não queria me livrar de nada! Havia coisas ali que eu nem sabia que tinha ou de que não precisei, ou usei durante meses, até anos, mas que queria conservar, só "por segurança", caso precisasse delas algum dia. Depois que todos verificamos nossas pilhas, a minha parecia ter o mesmo tamanho de quando começáramos. Eu simplesmente não consegui assimilar o conceito de ser implacável naquele dia. No final, Vanessa veio em meu socorro e reduziu a imensa pilha de lixo inútil a apenas alguns objetos.

Esse é o tipo de coisa que acontece todos os dias na vida de todo mundo. Nós nos apegamos a tantas coisas sem nem mesmo pensar e não percebemos que, na verdade, não precisamos delas. Não estou me referindo a coisas materiais, mas a emoções, atitudes e velhos relacionamentos: nós temos medo de nos transformar em conchas vazias se nos livrarmos dessa bagagem extra. Porém devemos nos livrar desses "objetos" para que possamos estacionar nosso "carro novo" ou, em termos reais, nosso "novo eu" em seu lugar. Quando nos livramos do lixo de nossas vidas, criamos mais espaço para as coisas boas com as quais precisamos nos cercar para nos tornarmos melhores como pessoas, amigos e profissionais. O lixo ao qual nos apegamos nos impede de progredir, age como uma barreira para nosso pensamento e, consequentemente, para nossas ações. É possível que algumas das coisas

Atitude 2

das quais você deve se desfazer nessa faxina façam parte do que, em sua opinião, forma sua personalidade. Todos nós, em algum momento da vida (e algumas pessoas, todos os dias) tentamos usar esse conceito como uma desculpa para nossas falhas. Sua atitude em relação a este capítulo pode ajudá-lo a compreender onde deve começar a agir. Talvez você pense que nada disso tenha algo a ver com a situação em que se encontra no momento, pois, para você, está tudo sob controle. É possível que você acredite que se livrou de todo o velho lixo de sua vida que estava retardando seu progresso. Mas será verdade? Sou de opinião que jamais conseguimos nos livrar de tudo, de uma vez por todas. Todos os dias permitimos que bobagens se infiltrem em nossos pensamentos e ações. Ficamos ofendidos com o que as pessoas dizem, deixamo-nos abater profundamente por fracassar em algum objetivo e, em certos dias, até permitimos que nossas inseguranças voltem à tona. Como você vê, não importa a distância percorrida em nossa jornada, existem problemas e sentimentos a serem considerados todos os dias. Se não o fizermos e somente viajarmos pela vida sem olharmos para nós mesmos e para o andamento dessa jornada, teremos uma grande surpresa quando constatarmos que nos desviamos totalmente do curso.

Não gosto, simplesmente detesto, que apontem minhas falhas e fico totalmente desconcertado quando isso ocorre. Foi somente quando percebi quantas pessoas comentavam sobre certas questões (ou melhor, falhas) que comecei a questionar se não era eu quem ainda precisava solucionar alguns problemas. Essa é uma área com que todos precisamos lidar. Embora tenhamos noção de onde estejamos falhando e do que precisa ser aperfeiçoado, pessoas próximas a nós têm uma visão mais clara de quem somos. Contanto que usem de delicadeza e tato, nossos amigos íntimos e familiares poderão nos ajudar a dominar algumas dessas áreas. Porém, se os conselhos forem oferecidos de forma maldosa e vingativa (o que é bem possível), a melhor forma de lidar com a situação é não reagir nem revidar. Sei o que você está pensando: "É mais fácil falar do que fazer." Você tem razão, mas por que perder tempo e energia para provar que os outros estão enganados, somente para mostrar que você está certo?

É engraçado. Quando atinge um certo grau de sucesso, de repente você começa a se convencer de que superou todos os problemas e se esquece (às vezes, intencionalmente) de que ainda precisa fazer sacrifícios. Provavelmente, você elaborou uma lista de metas que deseja atingir, mas será que fez o mesmo com as coisas que precisa sacrificar para alcançá-las? Esse é um fator de muita importância na fixação de metas. Se você não pensar no que vai ser necessário fazer, estará se arriscando a ter uma surpresa. E surpresas devem ser evitadas a todo o custo, se possível. Por que esperar que os problemas surjam e o surpreendam se você tem a oportunidade de enfrentá-los antes? Dessa forma, você evita aborrecimentos, sem falar do tempo melhor gasto com questões que poderiam ter sido tratadas no início de sua jornada.

Como Jade frequenta o último ano do ensino fundamental, sua carga de trabalhos e deveres escolares aumentou. Ela está sendo preparada para as tarefas adicionais que serão exigidas quando iniciar o colegial. Jade é muito parecida comigo e com Vanessa quando se trata dos deveres de casa: ela os detesta. Às vezes, ela acha que gostamos de fazê-la sentar e realizar suas tarefas todos os dias e, também, de obrigá-la a estudar (cara, estou parecido com os meus pais!). Eu adoraria ver Jade no jardim brincando com as amigas, mas ela precisa compreender o princípio do sacrifício. Se ela não sacrificar seu tempo em favor dos estudos, há uma grande possibilidade de que tenha dificuldades para aprender e não extraia o máximo de sua educação, o que poderá colocá-la em desvantagem, mais tarde. No fim, seus sacrifícios serão recompensados por excelentes perspectivas para o futuro.

Às vezes, as recompensas por nossos sacrifícios não são evidentes de imediato e pode levar muito tempo para que elas se façam notar. Muitas pessoas se concentram no que estão perdendo, no que devem sacrificar, quando deveriam refletir sobre o que é possível ganhar a longo prazo. É uma forma diferente de enxergar os fatos, mas é uma forma positiva. Se você se concentrar somente no que pode perder, garanto que nunca fará os sacrifícios necessários. Para concretizar sonhos, é necessário olhar além do presente. É verdade que é preciso desistir de algumas coisas, talvez de aspectos que, em nossa opinião, nos tornam quem somos. Mas a realidade mostra que, se quisermos nos transformar em pessoas melhores e alcançar os objetivos e sonhos que fixamos, devemos proceder a mudanças radicais em nosso modo de pensar e agir. Seus sonhos e metas não se concretizarão por si mesmos. Há um ingrediente importante e sem o qual eles nunca se tornarão realidade. Esse ingrediente é VOCÊ! Agora que sabe disso, que tipo de pessoa está disposto a ser para alcançar os objetivos estabelecidos? Uma pessoa "apenas dentro da média" ou uma "pessoa excelente"?

Começar um negócio com apenas $50 e transformá-lo numa marca licenciada mundialmente foi uma história amplamente divulgada, porém os repórteres raramente se referem aos sacrifícios que tive de fazer, como os empregos de meio período que tive para sobreviver. Quando fundei a Attitude Inc.®, eu tinha os planos, metas e sonhos grandiosos que qualquer outra pessoa poderia ter. Foi ótimo fixar essas metas, mas tive de vender a primeira camiseta para me pôr a caminho, tive de me dedicar às tarefas modestas antes de partir para os sonhos ambiciosos. Sou o primeiro a admitir que a ideia de trabalhar não me era especialmente agradável, contudo, no dia em que iniciei meu negócio, fui obrigado a modificar essa mentalidade. Tive de tomar a decisão consciente de que precisaria me dedicar totalmente, não havia espaço para meio-termo. Hoje, isso parece ótimo, mas, naquela primeira semana, tive mesmo de arregaçar as mangas. Logo percebi que minha grande ideia comercial não iria me sustentar financeiramente: eu tinha de encontrar outro emprego para que a Attitude Inc.® pudesse decolar. Devo confessar que, naquele dia, questionei se abrir o próprio negócio realmente tinha sido uma boa ideia. Tive de decidir naquele momento que precisava fazer sacrifícios. E um dos maiores referia-se a meu tempo livre.

Estou muito satisfeito por ter dado continuidade a meu sonho. É verdade que fiz sacrifícios e, certamente, não cheguei a fazer o que meus amigos faziam às vezes, mas hoje posso olhar para trás sem arrependimentos, pois sei que fiz as escolhas e os sacrifícios certos. Há mais um detalhe a ser mencionado quando se trata de sacrifícios: eles vão modificar seu rumo.

- **Grandes sacrifícios = grandes mudanças de rumo que resultam em GRANDES RESULTADOS.**

- **Sem sacrifícios = sem mudança de rumo que resulta no mesmo ou NENHUM RESULTADO.**

Deixe-me explicar: para atingir metas e sonhos, será preciso proceder a algumas mudanças em seus métodos e fazer alguns sacrifícios. Para alguns, podem ser sacrifícios insignificantes; para outros, consideráveis. Porém lembre-se de que, se você concentrar o foco e a atenção no que deve deixar de lado e sacrificar, acabará por olhar para trás e para as coisas das quais teve de abdicar, em vez de olhar para a frente onde se encontram seus sonhos e metas. Mantenha os olhos firmemente focados no futuro.

Você não está sozinho; todos precisam enfrentar sacrifícios em algum momento. A diferença entre os que são bem-sucedidos e os que fracassaram é o grau de sacrifício que se dispuseram a fazer.

Capítulo 11

PERSISTÊNCIA

Capítulo 11 – Persistência

A persistência é um dos principais fatores ignorados pelas pessoas quando tentam concretizar sonhos e metas: ser persistente em relação a algo que começamos há muitos anos é essencial para atingir o resultado desejado. Sei que alguns leitores devem estar dizendo a si mesmos: "Eu sei disso!" Então, por que atualmente existem tantas pessoas que percebem agora que precisam retomar o rumo certo?

Não alego, em momento algum, que estou lhes ensinando algo novo. Como dizem, é impossível reinventar a roda, mas só estou tentando fazer com que ela gire melhor ao explicar os fatos de modo a conferir-lhes maior senso prático. Você se lembra de quando falei sobre compreender o que se quer da vida e fixar metas? Bem, se você sente que se desviou de seu caminho, que sonhos e objetivos deixou escapar? O que teria sido capaz de realizar se tivesse sido persistente e atravessado os períodos difíceis?

Todos nós, em algum momento da vida, mudamos de ideia, e até mesmo de rumo, para seguir um caminho diferente e menos desafiador, um caminho mais fácil de ser percorrido. Falhamos por não termos sido persistentes em relação a nossos planos e metas originais. Não há nada de errado com isso se tudo o que queremos é simplesmente viver com o mínimo de esforço, mas, se você é como eu, certamente quer concretizar os sonhos que vem alimentando há muito tempo e abrir-se a um novo capítulo de sua vida. É fácil ser persistente e manter o rumo quando tudo vai bem e caminha na direção adequada: você fica nas nuvens. Você sabe, aquelas épocas em que tudo dá certo, não importa o que faça e parece que não pode acontecer nada de ruim. Não há nada de errado com isso, na verdade é disso que todos precisamos. Nessas épocas, acreditamos ser invencíveis. Então, a realidade mostra sua face e os problemas começam a surgir; o pânico se instala, começamos a reagir de modo exagerado e nos desviamos completamente do caminho que percorríamos. E, nesse momento, pensamos em desistir, pois achamos que é a melhor

Atitude 2

atitude a tomar. É nas horas difíceis, nos períodos em que nada dá certo, que aprendemos mais sobre nós mesmos. É nossa persistência e nosso comprometimento nesses momentos de dificuldade que nos levarão à concretização de nossas metas. Se pudermos enxergar além dos problemas que surgem a nossa frente e superar as barreiras, abriremos um mundo de novos e excitantes desafios que nos conduzirão para onde queremos ir e, talvez, até mais longe. Acredito que são os momentos difíceis, os momentos que exigem muito trabalho e esforço que nos preparam para a vida. Se você desistir muito depressa e não persistir, irá incutir em si mesmo uma mentalidade derrotista que vai moldar suas ações e reações futuras de modo negativo. Vou mostrar um exemplo com que muitos irão se identificar.

Depois de crescer em um lar amoroso, observar meus pais amando um ao outro e exibindo um casamento "perfeito", sempre imaginei que todos os casamentos (especialmente o meu) fosse assim. Gente, que surpresa! Essa coisa que chamam de casamento exige trabalho constante. Todos deveríamos receber um manual que informasse nossos companheiros quais são nossos pontos fortes e, principalmente, os pontos fracos. Quando surgem problemas ou dificuldades, eles precisam ser solucionados pelo casal, caso contrário, problemas ainda maiores surgirão. A maneira mais fácil de lidar com esses problemas é simplesmente parar, afastar-se e evitar todo o drama. É fato que ser persistente e tentar solucionar os problemas constrói um relacionamento e um casamento mais sólidos. Se e quando Vanessa e eu temos problemas, costumam ser insignificantes (lembra-se das rachaduras leves?) e sobre pequenas coisas que poderiam assumir proporções descomunais se não lidássemos com elas. Contudo, fizemos um acordo consciente no início de nosso relacionamento de que não seríamos mais um número nas estatísticas. A mesma teoria se aplica a todos os demais aspectos da vida. Você precisa criar uma cláusula de PROIBIDO SAIR, ou seja, você precisa determinar que, não importa o que aconteça ou que resultados obtenha, não irá procurar a saída mais fácil e desistir. É preciso ser persistente e ater-se ao plano original, seus sonhos e objetivos iniciais, pois, dessa forma, você será obrigado a obter resultados. Quando se desiste continuamente, cria-se um padrão de derrota do qual, depois de instalado, é difícil escapar e que, se não for enfrentado, irá influir em seu caminho no futuro. Muitos de nós, inclusive eu mesmo, até atingir os 25 anos de idade, criam seus próprios padrões de fracasso em relação a tudo que tentam realizar. As pessoas se acostumam a fracassar e a não atingir os objetivos e, assim, programam-se para falhar sempre que tentam realizar algo: elas esperam fracassar mesmo antes de começar. Não é de surpreender que vivam aceitando ficar em segundo lugar quando foi isso que planejaram sem mesmo perceber.

Diversas pessoas que experimentam algum tipo de fracasso em atingir uma meta acabam com o que eu chamo de "doença da redução", ou seja, elas reduzem as expectativas sempre que se põem a lutar por algum objetivo. Embora comecem com expectativas elevadas, passam a rebaixar o resultado desejado antes mesmo de concluir o processo de planejamento porque, em suas mentes, admitiram que não são capazes de alcançar essas metas "ridículas". Elas pré-programaram seu modo de pensar, o que, por sua vez, afeta suas ações. Ao baixar o foco, você está limitando sua visão. Não sei bem quanto a você, mas eu estou cansado de ver meus passos limitados, as limitações restringem o progresso. Eu não quero ter limites.

Outro dia, fui de carro apanhar minha filha na escola. Ao entrar na rua da escola, o sol atingiu meus olhos em cheio. O brilho era tão forte que tive de baixar o para-sol e desacelerar. Se algo bloquear ou impedir sua visão, seu progresso vai ocorrer mais lentamente, isso é um fato. Você precisa se certificar de ter controle absoluto de onde se encontra sua visão. Ela está bloqueada ou desimpedida? Você apenas reduz a velocidade ou para por completo?

Imagine-se indo a um campo de arco e flecha. Seu equipamento é dos melhores, você alinha a flecha, mira o alvo, estica o arco e,

Atitude 2

exatamente quando está para soltar a flecha, muda de ideia porque acha que vai errar. Você questiona seu objetivo e, em vez de mirar o alvo, você atira a flecha para o ar. Você acredita ter realizado algo, mas falhou e não atingiu nada. É verdade que você atirou a flecha, mas não atingiu coisa alguma. O pensamento negativo afetou suas ações a ponto de acreditar ter feito algo que valesse a pena quando, na verdade, somente desperdiçou energia. Uma abordagem mais eficiente seria mirar o alvo continuamente até acertá-lo e, depois de atingi-lo, insistir até acertar na mosca.

Embora algumas pessoas acreditem que é fácil obter sucesso, posso garantir que isso não é verdade. Eu o desafio a conversar com pessoas bem-sucedidas e verificar se elas chegaram aonde se encontram de um dia para o outro. Aposto que foi necessário muito tempo e várias decepções até que atingissem o alvo; então, e somente então, elas aperfeiçoaram suas habilidades e começaram a acertar na mosca.

Outro erro grave é tentar acertar um número excessivo de alvos com apenas uma flecha, isto é, as pessoas iniciam a jornada para concretizar sonhos e metas e, de repente, querem dedicar-se a um objetivo diferente, e depois outro, e assim por diante. Depois de algum tempo, acumularam tantas metas que passam a usar atalhos. Não demora e elas ficam frustradas porque não conseguem completar nada. Essa é uma questão importante com que me deparo com frequência quando me procuram depois de me apresentar em palestras. Devido ao desejo de atingir um excessivo número de objetivos de uma só vez, as pessoas acabam envolvidas nas tarefas e no trabalho e não se concentram na realização. O resultado final traz desapontamento e ressentimento, em vez de a recompensa de atingir as metas fixadas meses, às vezes anos, antes.

Vou explicar esse conceito com outras palavras: imagine que eu lhe peça para ficar a 10 metros de distância de mim. Eu jogo uma bola com delicadeza para você apanhar. Fácil, não? O que aconteceria se eu jogasse uma primeira bola, rapidamente seguida por uma segunda. Ainda possível? É provável. E se agora eu atirasse dez bolas ao mesmo tempo? Quantas conseguiria apanhar? Uma, talvez duas.

É dessa forma que muitas pessoas abordam seus sonhos e objetivos: elas começam com uma meta e, depois de atingir algum sucesso, assumem outra missão. Então, por algum motivo, começam a tentar alcançar todos os objetivos ao mesmo tempo. Não é de surpreender que acabem com uma frustração profunda e vários sonhos não concretizados.

O último elemento da persistência é utilizar a frustração como motivador. Acho que devemos usá-la como ferramenta para atingir a posição que desejamos na vida. Muitas vezes, quando a frustração se instala, nós a encaramos como um sinal de que estamos seguindo na direção errada. Fiquei profundamente frustrado no primeiro ano de minha empresa: por causa da falta de capital de giro; da negatividade transmitida pelas pessoas que me cercavam; do fato de não ser capaz de produzir e vender os produtos que realmente gostaria. Eu poderia ter interpretado tal frustração como um sinal de que o ramo de confecções não era indicado para mim, porém estou muito satisfeito por tê-la usado como fonte de encorajamento para me obrigar a buscar objetivos melhores e mais grandiosos. Eu estava determinado a ser persistente e continuar o que tinha começado, não importa o quanto ficasse frustrado. A frustração é somente mais um obstáculo ou barreira que precisamos ultrapassar. Não se engane: se você permitir, a frustração irá mudar seu rumo. É necessário transformar essa sensação num estímulo que leve a realizações maiores e melhores. Nossas conquistas serão determinadas pelos fatos nos quais nos concentramos. Se dirigirmos nosso foco a um número excessivo de metas, inevitavelmente acabaremos não nos concentrando em nada além da confusão formada por todas as nossas atividades, atingindo-nos de todas as direções. Se você focar a frustração de não ser capaz de atingir o sucesso, não conseguirá enxergar nada além disso.

Atitude 2

Devemos nos dedicar a uma meta de cada vez até que ela seja atingida e completada e, assim, criar um hábito positivo. Então, com base no sucesso e não na frustração, podemos seguir adiante imbuídos de um senso de realização e lutar pelo próximo objetivo. Lembre-se: sua persistência vai gerar os resultados que você irá usufruir.

Capítulo 12

PERSEVERANÇA

Atitude 2

É provável que, na jornada para atingir suas metas, ocorra um momento em que você simplesmente quer desistir, não porque não esteja ganhando terreno, mas apenas porque as coisas não estão acontecendo com a rapidez suficiente para você. Sei bem como você se sente. Quando fundei a Attitude Inc.®, sabia exatamente o que queria alcançar, mas, na verdade, as coisas não aconteceram muito depressa (como algumas pessoas gostam de ressaltar). O problema que tive de superar foi o de querer que tudo ocorresse ainda mais rapidamente, pois, em minha opinião, não era rápido o suficiente. Entretanto, compreenda que, às vezes, a frustração gerada pela impaciência pode derrubar sua determinação e fazer você tomar o rumo errado ou, simplesmente, desistir. Se tivéssemos sido perseverantes em percorrer o caminho escolhido, quem sabe aonde acabaríamos chegando! A impaciência é algo terrível: acredite em mim, eu sei, pois era a pessoa mais impaciente do mundo.

Perseverança significa "prosseguir com empenho". Pense nisso. Para ser perseverante, é preciso manter os mesmos esforços dedicados no início. Esse é um ponto extremamente válido. Muitas pessoas pensam que perseverança significa esforço adicional quando, na realidade, representa o mesmo esforço contínuo por um período prolongado. Muitas pessoas permitem que seus esforços esmoreçam depois de algum tempo; elas acreditam que ainda estão sendo perseverantes para atingir suas metas e, de fato, continuam a caminhar na direção certa, mas a diminuição de esforço acabará por interromper seu progresso.

Minha filha Jade é totalmente louca (no bom sentido) quando se trata de participar de atividades esportivas na escola: ela quer estar presente, qualquer que seja a atividade. Às vezes, ela cria o próprio jogo ou modalidade esportiva para que possa vencê-los também. Sempre que participa de alguma atividade, Jade adota uma atitude que serve de lição para mim: ela nunca desiste antes de concluir a tarefa, não importa se está em primeiro ou último lugar. Jade considera o fato de concluir uma atividade tão importante quanto iniciá-la. Essa é uma qualidade que lhe trará vantagens durante toda a vida. Recentemente, Jade passou a frequentar uma nova escola. Um dia, ela voltou para casa trazendo uma nota sobre uma corrida *cross country* a ser realizada em breve. Essa corrida iria indicar os três melhores alunos em cada grupo etário para representar a escola nas finais estaduais. Além disso, quaisquer voltas realizadas após a conclusão do percurso determinado contariam para a corrida com fins beneficentes para arrecadar dinheiro para a escola por intermédio do patrocínio organizado pelos estudantes. Devo dizer que nem eu, nem Vanessa mostramos muita confiança de que Jade chegaria a concluir os quatro quilômetros, muito menos angariar fundos por volta extra percorrida, visto que essa era a maior distância que ela teria corrido de uma só vez. Jade andou por nossa rua, ligou para nossos amigos e conversou com familiares para angariar fundos para o patrocínio. Ela decidiu coletar o dinheiro com antecedência, antes mesmo do início da corrida. Na época, não tive certeza se essa era a melhor ideia, mas Jade me assegurou saber o que estava fazendo. O dia chegou, e Jade estava cheia de energia, pronta para a largada. Ela se levantou cedo e se preparou para o grande dia, descendo e subindo a rua correndo, aquecendo-se para a corrida. Jade (como eu) adora ter um público, de modo que Vanessa decidiu acompanhá-la para torcer.

  Bang! Foi dado o tiro de largada, e Jade disparou. Todo o grupo de corredores saiu em disparada, e alguns não passaram da primeira volta, mas Jade prosseguiu vigorosamente. Após muitas voltas, ela cruzou a linha de chegada em segundo lugar em seu grupo etário feminino e à frente de muitos garotos de sua idade. Ela estava nas finais estaduais. Será que ela ficou entusiasmada e parou para descansar? NADA DISSO. Ela continuou sem errar um passo. Depois de algum tempo, Vanessa percebeu que Jade perdia velocidade: ela estava ficando cansada. Vanessa começou a torcer e a gritar. Seu entusiasmo

Atitude 2

era tanto que um dos professores perguntou se ela gostaria de correr ao lado da filha a fim de estimulá-la (eu, pessoalmente, acho que os professores estavam incomodados com os gritos em seus ouvidos). De qualquer forma, Jade acelerou o ritmo quando Vanessa começou a acompanhá-la: ela podia perceber sua meta se transformando em realidade. Agora, ela possuía alguém com quem compartilhar o sofrimento e a vitória. Jade completou 10 voltas adicionais, a quantidade de que precisava para reunir o dinheiro que já havia coletado. Foi sua perseverança e persistência que a levaram à linha de chegada. Ela teve de manter o esforço para atender às expectativas que criara para si mesma; ela fixara uma meta que quis atingir sem se importar com o sofrimento envolvido.

Há alguma meta que você vem tentando alcançar há meses ou até anos? Você vem mantendo o esforço necessário ou permitiu que o grau de empenho diminuísse? Se isso ocorreu, esse é o motivo por não conseguir obter seu intento. É verdade que outros fatores podem ter colaborado para sua falta de êxito, mas depende de você retomar o rumo certo. Jade tinha Vanessa a seu lado para encorajá-la e partilhar sua aflição. Quem está a seu lado para acompanhá-lo na jornada e dividir suas experiências e angústias? Todos precisamos de pessoas a nosso redor que possam levantar nosso moral quando estamos tristes ou lutando com dificuldades, e você não é exceção. São as pessoas que nos cercam que estão ali para compartilhar nossas aflições e frustrações e com quem iremos dividir nossa alegria quando concretizarmos nossos sonhos e metas. Não espere jamais que elas façam seu trabalho por você, mas ter alguém com quem contar é muito importante.

Como Jade tinha reunido o dinheiro antes de iniciar a corrida, ela preestabeleceu sua meta. No instante em que se viu na linha de partida, soube o que era exigido para atingi-la; a realidade mostrou sua face. Ela precisava concluir todas as voltas necessárias para arrecadar aquele dinheiro. Foi sua perseverança que a fez atravessar a linha de chegada, não importando o quanto estivesse cansada e dolorida, ela sabia o que tinha de fazer. Para Jade, a possibilidade de desistência não existia, essa não era uma opção para ela.

Se você tem metas prefixadas, está disposto a fazer o que for preciso para alcançá-las? Está disposto a manter o mesmo nível de esforço exigido? Muitas vezes, desistimos antes de enxergar a linha de chegada. Todos queremos as recompensas, mas não o sofrimento. É o sofrimento que vivenciamos que deve servir de guia e nos mostrar se nos encontramos no caminho certo. Lembre-se do velho ditado: "Sem esforço, não há recompensa."

Enquanto escrevia este capítulo, um homem que ouviu uma de minhas palestras me telefonou para dizer, basicamente, que achava que minhas conquistas haviam sido muito fáceis, que meu progresso não se comparava à situação dele e que eu não tinha o direito de contar minhas experiências a ninguém. Devo dizer que vários pensamentos me atravessaram a mente enquanto ele falava, mas, por fim, a realidade era que ele não esteve comigo todos os dias durante os sete anos de minha empresa, tampouco trabalhou nos empregos de meio período nos primeiros anos. Ele estava analisando somente o resultado final e tentando justificar a própria falta de empenho e realização. Procurar encontrar defeitos nos outros não vai aproximá-lo de seus sonhos. Ainda me pergunto por que alguém ligaria apenas para dizer o que ele disse, mas, na verdade, foi sua própria falta de perseverança e de persistência que o levou à situação em que se encontrava. Não participe do jogo da culpa. Eu poderia ficar aqui o dia todo pensando em quem me fez o quê nesses anos todos, mas isso somente serviria de desculpa (em minha mente) para os objetivos que não alcancei. Não foram a sorte ou, definitivamente, o caminho mais fácil que me trouxeram para onde estou hoje, mas, sim, a perseverança. Contudo, assim como você, não preciso justificar meu sucesso simplesmente porque algumas pessoas se ofendem com ele.

Atitude 2

Nas Olimpíadas de Sydney, no ano 2000, houve uma prova de natação que cativou o mundo. Ela não será lembrada na história como a prova mais rápida, talvez nem mesmo como um evento imperdível daqui a dez anos, mas será lembrada por todos que a assistiram como um momento de inspiração total. Eric Moussambani pode não ser um nome reconhecido de imediato, mas se eu disser "Eric, a enguia", sua memória provavelmente será reavivada. Ele viera da Guiné Equatorial para participar da prova de 100 metros livres em Sydney. Com ele, havia apenas dois competidores que foram eliminados por terem queimado a largada. Eric iria nadar sozinho, o que não é especialmente motivador. Se eu ou você estivéssemos no lugar dele, possivelmente teríamos abandonado a prova. Foi dada a largada, e Eric saltou na água: nadou devagar, muito devagar. Foi o pior tempo olímpico registrado para os 100 metros, cerca de um minuto a mais do que o dos nadadores que competiram antes. Ele nadou de uma ponta a outra lentamente, o tempo todo encorajado pelo público que gritava mais alto a cada braçada. Ele ganhou uma medalha? Não. Ele realizou alguma conquista? Com certeza. Eric, a enguia, mostrou a todos que acreditava no conselho de Sir Winston Churchill, NUNCA DESISTA, não importando que obstáculos se interponham a sua frente (não saber nadar era um deles). Ele poderia simplesmente ter jogado a toalha no meio da competição, devia saber que estava longe do tempo necessário para se classificar para a próxima prova, mas foi perseverante e nadou até o fim.

É possível que atingir as metas estabelecidas exijam muito mais tempo do que imaginou inicialmente, mas você só vai saber onde se encontra a linha de chegada quando começar. Para ser perseverante, é preciso acreditar no que se está tentando alcançar. Muitas vezes, sou abordado por pessoas que querem atingir uma ou mais metas, mas não acreditam que chegarão lá. E com esse tipo de disposição mental, certamente nunca conseguirão. O principal e mais importante aspecto que precisam compreender é o conceito da perseverança. Se atingir metas e concretizar sonhos fosse fácil, todos os seres humanos o fariam. Sei que estou insistindo nesse fato, mas realmente quero que a ideia se fixe em sua mente. Não é fácil e toma tempo, mas tudo depende de você estar disposto a investir esse tempo.

Vamos dividir sua jornada em duas etapas:

1. O início
2. O fim

E isso é tudo. Pode parecer muito simples, mas acompanhe meu pensamento: muitas vezes, as pessoas levam em consideração somente a parte final. Elas pousaram suas expectativas na linha de chegada antes de ter movido um músculo para se aproximar da linha de partida. Acredito que o processo inicial é o mais importante, porque, se você não começar, será absolutamente impossível terminar.

Imagine-se sentado em um aposento. Do lado oposto, há uma porta que você precisa atravessar para sair (um processo muito parecido com o da xícara de café que deixei na cozinha a que me referi em um capítulo anterior). Você pode olhar a porta fixamente durante o tempo que quiser, mas só vai se aproximar dela se der um passo em sua direção. São esses passos, não importa quantos serão exigidos, que o farão chegar até a porta. Veja bem, na verdade a porta não é o prêmio: são os passos necessários para alcançá-la que acabarão por atender a seu desejo de chegar até ela. É com esses passos que você irá aprender as maiores lições sobre si mesmo. Muitas pessoas querem apenas o que se encontra no final do esforço, elas não enxergam o empenho necessário como algo de valor e, sim, como um obstáculo. Mas é dando os passos na direção da porta que você vai descobrir as chaves que irão revelar seus sonhos e metas. E então há o final. Voltando ao exemplo de minha filha Jade, se ela tivesse corrido o mais rápido que pudesse desde o tiro de largada, teria esgotado suas energias e não teria conseguido terminar a competição. Ela manteve um ritmo moderado e, quando conseguiu enxergar seu objetivo, pôde correr com mais esforço e velocidade porque não se cansara no início.

Que passos você vai dar hoje para alcançar suas metas? Em relação a que objetivo deixou de perseverar e que poderia retomar se voltasse ao caminho certo? Uma maratona é uma corrida longa, mas alcançar suas metas também é. Seja perseverante: determine-se a atingir tudo o que quer, não importando o quanto seja difícil ou quanto tempo leve. Assim sendo, o que você está esperando?

CAPÍTULO 13

SEJA UM MANÍACO POR CONTROLE

Atitude 2

Segundo os padrões de qualquer pessoa, sou totalmente louco por controle. Não que eu tente controlar todas as situações, apenas prefiro ser a pessoa que está no comando, pois funciono bem assim. Anos atrás, eu não tinha controle, não tinha rumo definido e fazia apenas o que achava certo no momento, sem resultados positivos. Agora, eu me certifico de controlar os resultados que produzo; não que todos os resultados sejam os que planejei, mas, pelo menos, tenho algum tipo de controle sobre o produto final. Quando você perde o controle sobre o que quer na vida, as coisas começam a deteriorar, você começa a tomar decisões precipitadas sem considerar os resultados e acaba se desviando do rumo e perdendo a noção de direção.

Não gosto de ser o passageiro em automóveis e muito menos em aviões. Quem me conhece pode confirmar esse fato. Nunca enfrentei um voo desagradável e esse é somente um medo que tenho e que tem representado um problema ultimamente, visto que muitas das palestras que apresento ocorrem em outros estados e é praticamente impossível evitar os aviões; mesmo assim, tento descobrir qualquer outro modo de me levar a meu destino que não o avião. O que quero ressaltar aqui é que não tenho controle do voo. Mesmo que eu tivesse a opção de, algum dia, pilotar um avião até meu destino, não me seria muito útil, já que não sei pilotar! Tenho de confiar nas pessoas com anos de experiência na função de pilotar o avião. Contudo, quando se trata de minha vida, preciso estar sentado na poltrona do piloto. Ao contrário do avião, sei como controlar os resultados que espero. Quando se trata de meus sonhos e metas, sempre adotei a atitude de controlar o caminho percorrido. É verdade que terceiros irão tentar assumir esse controle, mas somente se eu permitir.

As palestras tornaram-se uma atividade semanal, e constantemente me vejo diante de muitas pessoas. Como sou meu maior crítico em tudo o que faço, sempre procuro aperfeiçoar minhas apresentações. Algumas semanas atrás, tive a oportunidade de falar a um grupo de mais de mil empresários em um seminário público organizado por uma revista com a qual colaboro. No fim de minha apresentação, quando eu me encontrava no saguão assinando cópias de meu primeiro livro e estava praticamente terminando, uma mulher se aproximou e me disse que tinha alguns conselhos a me dar, caso eu quisesse me tornar um bom palestrante. Ela estava abrindo seu próprio negócio na área de comunicação para palestrantes do mundo todo. Bem, devo dizer que não foi o melhor momento para me procurar e partir minha apresentação em pedacinhos, especialmente com cerca de 50 pessoas a meu redor. Eu lhe pedi que dissesse onde estava falhando, e ela declarou que eu andava demais no palco e que colocava as mãos nos bolsos com frequência. Perguntei a ela quantas vezes tinha falado em público: nunca, foi a resposta. Entretanto ela não se deixou intimidar e afirmou que, sem seus serviços, minha carreira de palestrante não duraria muito. Eu e as pessoas que se encontravam a minha espera discordamos dela. Não pense que me considero um palestrante perfeito, mas sei que o efeito que exerço na vida das pessoas que me ouvem é prova suficiente de que o que faço funciona. Ela não prestou atenção a minha mensagem e queria apenas controlar meu método: de fato, caminho no palco e, realmente, por não ter nada o que fazer com as mãos, elas acabam dentro dos bolsos. Porém percebi que os únicos que criticam minhas palestras atualmente são os "entendidos". O público parece adorar o que vê e ouve; o público compreende que estou ali para dar impulso a sua jornada.

Quero ser o melhor em tudo o que faço, mas gosto de controlar como isso acontece. No momento em que você permitir que terceiros ingressem sem convite em seu ambiente, estará permitindo que eles formem e modifiquem os resultados. Se deixar que terceiros imponham resultados, você não pode se queixar do produto final. Como quero melhorar a cada dia que passa, assumo o controle sobre

Atitude 2

essa melhora; não quero e não preciso que alguém que ainda está para realizar alguma conquista me diga como devo agir. Posso parecer rigoroso demais, mas pergunte-se o seguinte: quantas vezes você recebeu "conselhos" de alguém que não fez nem uma parte do que você conseguiu? É desagradável, não é mesmo? Se você permitir que terceiros se intrometam em seus assuntos, certifique-se de que eles tenham tido algum sucesso nas áreas em que o estão auxiliando.

Muitas pessoas se sentem à vontade na condição de passageiros na própria jornada para alcançar tudo o que desejam e preferem que outros trabalhem duro e se esforcem por elas. Segundo essas pessoas, está tudo em ordem (pelo menos é o que pensam). De fato, é como viajar de avião: elas gostariam de, simplesmente, ficar sentadas em suas poltronas, ser servidas pelos comissários de bordo e chegar ao destino revigoradas, esforçando-se apenas para apanhar as malas na esteira. Mas não é assim: é preciso assumir o controle sobre o rumo que escolhemos.

Vou apresentar-lhe uma analogia: é provável que você já tenha alugado um carro, seja para as férias, para fins profissionais ou porque seu veículo estava na oficina. Talvez esse carro fosse muito mais bonito e novo do que o seu. Ao retirar o veículo na locadora e sentar-se no banco do motorista, você é percorrido por uma sensação de excitamento e emoção; essa será uma experiência nova e estimulante, e você mal pode esperar para prosseguir em sua jornada. Durante o caminho, você pisa um pouco mais fundo do que faria em seu carro, apenas para poder sentir a potência do motor. Você aumenta um pouco mais o volume do rádio do que normalmente faria sem receio de estragar os alto-falantes. Talvez você até ligue o ar-condicionado, já que é um opcional que falta a seu automóvel. Você se sente no paraíso dos automóveis, embora apenas por algumas horas ou dias; você está totalmente absorvido pela experiência. Então, chega o momento em que a festa chega ao fim, e você tem de devolver o veículo. Chega a hora de voltar a seu próprio carro: você entra nele, e a sensação simplesmente não é a mesma. Porém, embora a experiência tenha sido ótima e você tenha se divertido muito, o carro não era realmente seu e serviu apenas para dar-lhe prazer durante um curto espaço de tempo. Você não é dono do veículo e, assim, não importa o quanto a experiência tenha sido agradável; o triste fato é que ela não passou disso: uma experiência. Se você quiser que ela se prolongue, o preço será mais elevado. Infelizmente, é dessa maneira que algumas pessoas encaram seus sonhos e metas, elas os tratam como "bens alugados"; no fundo, acreditam que precisarão voltar ao antigo modo de vida, ao velho modo de pensar. Elas experimentam algum grau de realização que é melhor do que seus resultados habituais, o que é fantástico, mas não o usam para crescer. Embora usufruam os bons momentos, não procuram prolongar a experiência. Ao não promover a longevidade dessas metas e seus resultados, seus sentimentos são de frustração, e o trabalho constante acaba sendo deixado de lado. Tais pessoas estão apreciando o momento, em vez de trabalhar mais para transformar essa curta experiência em uma opção de estilo de vida que possa ser ainda mais aproveitado. Depois de algum tempo, elas voltam ao antigo modo de vida, porque é mais cômodo do que prosseguir. Assim, elas tentam humilhar os que concretizaram seus sonhos e metas, a fim de justificar os próprios fracassos.

Precisamos criar uma atmosfera e um ambiente que elimine a "mentalidade de aluguel" de nossa cabeça e a substitua por um senso de propriedade permanente. Na verdade, o que você controla? Em alguns casos, a única área sobre a qual se tem controle é a falta de rumo. Seus sonhos, metas e rumos estão sob seu controle, ou você está simplesmente prosseguindo com persistência, tentando desesperadamente não deixar escapar algo que está totalmente fora de controle?

Você já andou de jet ski? Eu adorava a prática desse esporte quando era mais jovem. No centro de um lago ou rio, simplesmente andando o mais rápido que podia, fazendo tantas acrobacias quanto minha habilidade permitia. O único problema é que, quando o veículo sai um pouco de seu controle e você não corrige o curso de imediato, ele fica cada vez mais indirigível. Logo você procura controlar a máquina, que está praticamente incontrolável, mas, quanto mais tentativas você faz, mais ela foge ao controle. A melhor forma de escapar a essa situação é cair na água, pois, assim, o motor para de funcionar, e você pode reiniciar a corrida. É isso o que ocorre na vida de quase todos nós. Parece que estamos no controle, até que uma pequena onda se interpõe no caminho. Ao tentarmos corrigir o rumo (em pânico, na maioria das vezes), nós nos excedemos, agravamos a situação e logo estamos tentando desesperadamente nos ater a isso que chamamos de vida. Tudo fica difícil demais, passamos a questionar nossas escolhas e desistimos. O problema é que muitos se esquecem de voltar e recomeçar, e apenas flutuam à deriva num mar de arrependimento.

Frequentemente, deixamos de corrigir as pequenas falhas à medida que ocorrem, permitimos que passem despercebidas e esperamos que não gerem nenhum prejuízo. E, então, outros pequenos problemas surgem em nosso caminho e, como não houve nenhum resultado negativo anteriormente, decidimos ignorá-los mais uma vez. Dessa forma, adotamos uma atitude que não dá atenção aos sinais que indicam que as coisas estão começando a dar errado. Depois, ficamos chocados quando, de repente, perdemos o controle em um ambiente que, pouco tempo atrás, parecia tão satisfatório. Uma falha ainda maior é recomeçar sem ter aprendido com a experiência. As pessoas cometem os mesmos erros que as obrigam a retornar à agora reduzida zona de conforto, amedrontadas demais para realizar qualquer outra tentativa por causa do receio de falhar mais uma vez.

Não importa qual seja o resultado, negativo ou positivo, é preciso retomar o rumo continuamente para alcançar metas e sonhos.

Quanto mais você aprender sobre os motivos que o levaram a cometer esses erros, maior se tornará sua zona de conforto. Não sei quanto a você, mas quero viver em uma zona de conforto ampla que cresça dia após dia e, não, que encolha a ponto de restringir meus atos e me impedir de tentar coisas novas. Não alcançar metas e enfrentar dificuldades no caminho faz parte do processo; realizar objetivos não gira em torno do que se obtém no final, mas, sim, de aprender as lições sobre quem você é, suas fraquezas e o que precisa mudar durante o caminho. Para tanto, é preciso ter um senso de controle sobre si mesmo e as situações que vive.

Se você não estiver satisfeito com a posição que ocupa no momento, mude-a. Parece fácil demais, mas é mesmo simples assim. Assuma o comando; assuma o controle de seu destino, dos métodos com que irá atingir os objetivos que fixou para si mesmo. Pare de culpar tudo e todos, exceto você mesmo, por não ter alcançado essas metas até agora. Não há dúvidas de que existem aspectos de sua vida que você controla. Para conquistar tudo o que deseja de modo mais fácil, identifique os princípios e métodos que funcionam nas áreas em que você é competente e aplique-os aos aspectos que ainda não domina. Somos seres humanos e, às vezes, nos esquecemos de aprender com as experiências que a vida nos oferece.

Eu não tinha dinheiro quando fundei a Attitude Inc® e era péssimo em matéria de poupança. Nos últimos oito anos, a maior lição que aprendi não foi como ser um ótimo empresário, tampouco como criar muitos produtos e modelos novos e interessantes, mas, sim, a controlar meu dinheiro e a lidar com ele. Permiti que minha empresa e o sucesso me ensinassem uma lição de vida.

Que dificuldades você está enfrentando e que poderia superar e dominar caso permitisse que suas experiências de vida lhe servissem de lição? É preciso aprender a lidar com a vida. Ainda estou para conhecer alguém que domine totalmente a própria vida, mas conheci muitas pessoas que controlam sua vida e seu destino somente porque ativeram-se ao princípio de não permitir que terceiros lhes ordenem qual deva ser seu objetivo final. Lembre-se: se há fatores que você controla, você será responsável pelo rumo que eles tomarem. Assim como os pilotos dos aviões (em que detesto viajar), você é a pessoa que controla seus resultados. É você que está conduzindo sua vida na direção desejada. Assim que você passar a direção a outra pessoa, será ela que terá a capacidade e a permissão de controlar seu destino. Portanto comece agora. Assuma o controle. Seja maníaco por controle no que se refere a seus sonhos, metas e rumos. Você vai se surpreender.

Capítulo 14

ASSUMA RISCOS

Atitude 2

O tema deste capítulo pode surpreendê-lo após eu ter acabado de ressaltar a importância do controle. Mas não pare de ler. Acho que todos nos inserimos em um desses dois grupos quando se trata de riscos: os que os assumem e os que não os assumem. É muito simples, não é mesmo? Sei que provavelmente o deixei atordoado com minhas ideias, mas alguém tinha de fazê-lo. Sempre afirmei que tudo na vida e nos negócios é muito simples e que são as pessoas que costumam complicar as coisas o tempo todo. Às vezes, os riscos são mal compreendidos. Muitas pessoas assumem riscos como última alternativa e, por acharem que é o último recurso, tomam decisões precipitadas, colocando, assim, seus sonhos e objetivos em perigo. É esse tipo de raciocínio que pretendo questionar. Quero mostrar-lhes que, ao assumir riscos de vez em quando, podemos dar um salto à frente na busca de nossos objetivos e sonhos. Mas também quero mostrar como não pôr tudo a perder quando assumir esses riscos, que é onde ser um maníaco por controle ainda faz parte do contexto.

Acredito que o maior erro cometido pelas pessoas ao assumir riscos é não compreender que eles se dividem em dois grupos. Primeiro, existe somente o simples e velho risco (ou risco incontrolável). Esta é uma escolha ou decisão tomada, quaisquer que sejam as consequências: o resultado depende das circunstâncias. Qualquer coisa pode ocorrer, e você terá de suportar o resultado, quer goste ou não, pois não há como controlar esse risco. Segundo, há o "risco calculado", que é o tipo de risco que considero muito eficiente na busca do que se quer. Quero me concentrar nesse segundo risco, o risco calculado, pois acredito que, se você realmente compreender o que quero dizer, ele poderá abrir-lhe as portas de um modo de pensar e agir totalmente novos. Portanto o que é um "risco calculado"? O termo se explica por si só: você deve descobrir qual o pior resultado possível ANTES de assumir o risco. É preciso compreender todo o processo antes de começar. Na esperança de fazer os negócios progredirem, muitos empresários tomam decisões e assumem riscos sem pensar um minuto sequer no que podem perder caso seu plano não dê certo. Não sei quanto a você, mas, após não ter nada durante quase toda a vida, não pretendo voltar a essa etapa de modo algum. Isso significa que vou garantir que todas as minhas decisões me levem para a frente. É verdade que assumi alguns riscos ao administrar meus negócios, mas, após alguns resultados desastrosos, percebi que teria de descobrir uma forma de minimizar os danos em potencial que os acompanhavam.

Vou explicar o princípio do risco calculado de duas maneiras. Em primeiro lugar, vou apresentar um exemplo pessoal que muitos irão vivenciar algum dia e, em segundo, um exemplo comercial. Como já falei sobre a compra de uma casa, vou usá-la como exemplo. Imagine que você esteja prestes a adquirir sua primeira casa ou mudar para um imóvel maior. Sua renda lhe permite essa despesa, mas, ao realizar a busca, você vê a casa de seus sonhos. Não importa o quanto tente tirá-la da cabeça e visitar outros imóveis, você sente que ela foi feita para você. O problema é que a casa pela qual se apaixonou está muito acima de suas posses. Depois de, em sua opinião, refletir bastante, você decide comprá-la de qualquer maneira. Os bancos estão mais do que interessados em lhe conceder um empréstimo e, assim, você vai ter condições de adquiri-la, não é mesmo? O que você deixa de fazer nesse processo é analisar o que de pior pode ocorrer, ou seja, você não pergunta a si mesmo: "Se tudo der errado, se eu perder o emprego e não puder pagar as prestações por algum tempo, o que farei? Como vou me arranjar?" São essas as perguntas que devem ser feitas antes que as emoções o dominem e você se coloque numa situação que possa prejudicá-lo em vez de lhe permitir alcançar tudo o que deseja. Calcular o que poderá acontecer irá ajudá-lo a tomar decisões com base em informações sólidas. Ao começar a fazer essas perguntas, você se verá obrigado a voltar à realidade. Muitas vezes, somos dominados pela excitação e perdemos a noção dos fatos; no

Atitude 2

momento em que deixamos de ver as coisas como são, perdemos o controle da situação. Seus esforços não estão focados em seus sonhos e objetivos, mas, sim, em sair do buraco que criou para si mesmo. No cenário atual, todos querem ter os mesmos bens que os demais e se deixam conduzir facilmente a situações que os prejudicam em vez de gerar alegria e libertação. Não tente acompanhar os que o cercam, pois estará somente provando que é um imitador: seja você mesmo, viva seus sonhos. Ao fazer as próprias escolhas, sua vida será mais agradável. Por que tentar viver segundo as expectativas dos outros? Dessa forma, você somente cria um ambiente em que vive em função de conseguir o que as outras pessoas têm. Afinal, quem disse que você será feliz vivendo os sonhos delas? Recentemente, dei uma entrevista a um jornal de distribuição nacional, durante a qual o repórter comentou que imaginou que, devido a meu sucesso, eu estaria morando em um condomínio de alto padrão. Que maneira tola de pensar. Por que algumas pessoas julgam o sucesso pelo código de endereçamento postal? Meu sucesso é meu, de mais ninguém, e eu decido como devo vivê-lo. Não me comparo com outras pessoas bem-sucedidas, não procuro ter os mesmo bens, nem você deve fazê-lo. Infelizmente, algumas pessoas esforçam-se mais para que os outros notem o quanto são bem-sucedidas do que para lutar e alcançar seus sonhos e objetivos.

Vamos agora analisar os riscos calculados do ponto de vista empresarial. Um de meus amigos tem uma empresa que presta serviços de guindaste. Um dia desses, ele me falou que gostaria de ampliar os negócios; ele se sentou e me mostrou qual era sua renda com o guindaste que operava atualmente e a comparou com a que teria se adquirisse um guindaste maior. Como faz a maioria das pessoas, ele considerou somente o aspecto financeiro, o que é natural nos negócios, porém ele deixou de analisar se havia mercado para um equipamento desse tamanho e quanto os condutores desse tipo de guindaste conseguiam realmente ganhar em cada trabalho. Quando lhe mostrei o processo passo a passo, ele começou a ver que, embora pudesse cobrar uma taxa mais elevada por hora com um guindaste maior, não havia tanta procura para um equipamento dessa dimensão. Na verdade, o índice de contratação por hora era muito inferior, o que representaria uma entrada menor de dinheiro. Além disso, a compra de um novo guindaste significaria prestações elevadas, e uma queda nas atividades o deixaria automaticamente em péssima situação. Como ele já saldara a dívida referente à compra do guindaste atual, suas margens de lucro eram atualmente maiores se comparadas às que pretendia ter com o guindaste maior. Meu amigo estava preparado para assumir um risco e adquirir o novo guindaste, mas, depois que efetuei os cálculos e lhe expliquei minha teoria sobre o risco calculado, ele mudou de ideia.

    O processo de análise do risco calculado pode nos oferecer várias respostas. Muitas vezes, somos culpados de enxergar somente o que queremos. É preciso analisar minuciosamente todas as decisões a serem tomadas e verificar se estamos colocando nossos sonhos e metas em perigo. É necessário garantir que as decisões tomadas não o afastem do resultado desejado. Saber qual pode ser o pior resultado possível é um dos aspectos positivos de se assumir um risco calculado. A melhor parte do processo é, antes de tomar tal decisão, fazer-se uma pergunta importante: "Estou disposto a me afastar de meus maiores sonhos e metas, caso essa decisão não apresente os resultados planejados?" Essa é uma pergunta que nem todos fazem a si mesmo, apesar de você imaginar que ela estaria no topo da lista. No momento em que você começar a fazê-la, tomará decisões mais adequadas empregando um raciocínio baseado no conhecimento e, não, seguindo as emoções ou um impulso. Todos somos culpados de achar que devemos assumir riscos em algum momento, seja na vida pessoal ou profissional. O problema é que raramente calculamos as perdas que poderão ocorrer no fim desse processo. Se todas as decisões forem precedidas de uma análise do que poderia ocorrer na pior das circunstâncias, você estará preparado para o resultado.

Um dos temas que mais gosto de abordar em minhas palestras é atuar dentro da zona de conforto, os processos envolvidos em aumentá-la, os erros que todos cometemos e que acabam por deixá-la ainda menor do que antes de começarmos, o que diminui ainda mais a probabilidade de querermos tentar algo novo outra vez. Às vezes, atuamos na zona mais adequada num determinado dia e, simplesmente, esperamos obter o resultado desejado. Assim que você assume um risco sem refletir, está praticamente colocando essa zona de conforto em perigo. Você está permitindo que suas decisões, sejam boas ou ruins, ditem o modo de abordar decisões e objetivos futuros. Se você assumir um risco sem pensar no resultado, a única pessoa que poderá ser responsabilizada por seus receios e falta de progresso é você. Se você agir fora da zona de conforto e assumir um risco indevido com resultados negativos, terá, efetivamente, reduzido seu tamanho. Da próxima vez em que você quiser sair da zona de conforto e tentar algo novo, irá reconsiderar e, talvez, desistir, somente por não querer abandoná-la. Consequentemente, você se torna seu pior inimigo. Como você vê, risco calculado não é sinônimo de estupidez. Esse é um aspecto importante, pois há pessoas que pensam que viver na corda bamba, tomando decisões arriscadas sem refletir cuidadosamente, é a melhor forma de viver a vida. Que idiotice! Já é difícil o bastante chegar perto do que queremos da vida sem ter de competir com nossa estupidez e os resultados absurdos que geramos. Recentemente, alguém me disse que, para um negócio progredir, é necessário assumir riscos todos os dias e simplesmente controlar o crescimento da empresa. Nada a ver! Se você quer conduzir seus negócios dessa maneira, vá em frente. Mas, para mim, quero estar no controle da situação e das circunstâncias sempre que possível, quero ocupar o lugar do piloto. Ao assumir qualquer tipo de risco, você estará, basicamente, entrando em uma esfera totalmente nova. Você estará se aventurando em uma área inexplorada e se sentirá um tanto deslocado. Lembre-se disso, pois terá de abordar a nova decisão de uma forma nunca antes experimentada, do contrário você irá acabar com os mesmos resultados de antes.

Mantenha esse detalhe em mente: risco zero = recompensa zero. É preciso assumir riscos e, às vezes, será preciso fazer coisas que escapam à compreensão. Você terá de sair de sua zona de conforto, mas deverá entender com clareza o que está sendo colocado em risco. Algumas pessoas me disseram que eu nunca assumi riscos quando iniciei a empresa, já que possuía somente $50. Elas não compreendem que aquele era todo o dinheiro que eu tinha e que meu risco calculado poderia ter feito com que perdesse tudo. Muitas vezes, ouvimos histórias de pessoas que arriscaram muito dinheiro ao tomar uma decisão, mas isso não significa que pessoas sem dinheiro não tenham nada a perder. Se, a cada decisão tomada e a cada risco calculado, você refletir sobre possíveis contratempos que poderão afastá-lo de seus objetivos e sonhos importantes, garanto que vai começar a tomar decisões mais bem informadas, que não irão retardar seu progresso.

Riscos fazem parte da vida e dos negócios. Algumas pessoas assumem grandes riscos, e outras, riscos moderados. Não há regras para fazer com que apresentem resultados positivos. A única pessoa que conhece e cria as regras é você. Porém lembre-se do seguinte: seus sonhos e metas são sua recompensa. Tendo isso em mente, leve esses riscos a sério.

Capítulo 15

ÉTICA NÃO É PALAVRÃO

Capítulo 15 – Ética não é palavrão

Existem algumas coisas que parecem estar desaparecendo do mundo dos negócios e, na minha opinião, a ética é uma delas. Nunca paro de me surpreender com os níveis aos quais as pessoas descem, simplesmente para progredir. Algumas não dão a menor importância a como terceiros irão se sair num empreendimento ou ao que possam perder numa negociação. Isso pode ocorrer até em relação a amigos e conhecidos seus. Muitas vezes, "amigos" desse tipo farão qualquer coisa para obter vantagens sem nenhuma preocupação com os que os cercam. A ética nasce de seus valores e padrões, e tais valores e padrões devem ser preservados e protegidos.

Cresci num ambiente totalmente diverso daquilo que o mundo dos negócios às vezes pode representar. Fui criado para ser bom e gentil com as pessoas, para pensar primeiro nos outros e não em mim mesmo e, acima de tudo, para tratar os outros como eu gostaria de ser tratado. Fiquei realmente chocado ao fundar minha empresa. Embora eu ainda defenda esses ideais, o mesmo parece não ocorrer com muitas pessoas no mundo empresarial; há uma tendência oculta para o egoísmo e que é clara como o dia. Às vezes, é possível cometer um engano e pensar que a falta de ética é uma habilidade comercial. Sei que posso estar exagerando, mas pergunte a qualquer empresário qual foi a última vez em que foi roubado ou enganado. Garanto que será difícil encontrar alguém que não tenha sido vítima de um desses acontecimentos negativos recentemente. Então, o que fazer? Mudar suas convicções a fim de satisfazer e se ajustar aos outros ou continuar fiel a seus pontos de vista? Acredito firmemente que é nos momentos em que sua ética é questionada que você irá descobrir quem realmente é e no que acredita. Meu pai costumava dizer, quando eu era jovem: "Se você não acreditar em nada, será enganado por qualquer coisa." E é verdade, principalmente no mundo dos negócios. Todos carregamos a culpa de tentar nos ajustar e agradar aos que nos rodeiam. Mas para quê? Provavelmente, não vou ter de conviver com meus colegas de trabalho a vida toda, mas vou ter de viver comigo mesmo. Assim, quero me certificar de não me desapontar. Todos precisamos defender nossas convicções, às vezes não importa a que custo. Existem muitas pessoas no mundo que mudam constantemente para se adaptar aos pontos de vista e estruturas de atuação de terceiros e se afastam de tudo em que acreditam. Essa é uma receita para o fracasso, pois você está se preparando para viver de acordo com as experiências de outras pessoas. Não há nada de errado com isso se essas experiências gerarem resultados satisfatórios e gratificantes, mas, quando isso não ocorre, o único culpado é você. De qualquer forma, é muito provável que viver as experiências de outras pessoas não exerça um efeito valioso ou duradouro em sua vida.

Cada pessoa que estiver lendo este capítulo nesse momento tem um destino a cumprir, porém esse destino somente se tornará realidade se forem tomadas as medidas necessárias. A ética desempenha um papel importante em seu destino, quer você goste ou não. Se você viver a vida com honestidade e correção, é provável que atinja algum sucesso vindo de um caminho correto e honesto. Se você for antiético, é possível que sinta o gosto do sucesso porque chegou lá devido a fraudes e atos desonestos, mas terá pouca duração, visto que foi construído com princípios negativos. Sua ética origina-se de suas normas de conduta e, não, das normas e convicções de terceiros. Seu modo de agir em sua vida pessoal, comercial e profissional dependerá da importância que a ética tem para você. Infelizmente, muitas pessoas passam pela vida agindo de acordo com o nível e normas de terceiros. Às vezes, quando somos vítimas de injustiças em alguma área de nossas vidas, reagimos automaticamente e pagamos com a mesma moeda, já que essa parece ser a maneira mais óbvia de se defender, contudo esse modo de agir não nos ensina nada. Ao atuarmos no mesmo nível, estamos apenas fechando os olhos e favorecendo métodos que desprezamos. De fato, é possível que tal atitude provoque uma sensação temporária agradável, mas o resultado final é destituído de significado. Precisamos combater o tratamento antiético e de baixo nível com uma atitude ética positiva. Se alguém o trata injustamente, não procure vingar-se com uma atitude inadequada ou maldosa, reaja sendo melhor. Lidar com situações empregando um padrão mais elevado irá colocá-lo automaticamente acima dos demais que o trataram mal. Não é preciso mostrar isso à pessoa que o tratou injustamente, pois, se o fizer, sua atitude não exercerá nenhum efeito. Simplesmente reaja de uma maneira que mostre, através de suas ações, que ela deveria se envergonhar. Lembre-se do ditado: "Ações valem mais do que palavras."

No segundo ano de vida da Attitude Inc.®, eu tentava apenas sobreviver. As coisas começavam a acontecer, a mídia começava a dar destaque à marca e a seu sucesso inaugural e novas lojas passaram a adquirir nosso produto com relativa rapidez. Eu administrava os negócios da melhor forma que podia na época. Para ser honesto, minhas expectativas não eram muito grandes no início, de modo que os resultados pareciam bem melhores do que eu jamais imaginara poder alcançar. Adoro esportes e decidi me associar a vários esportes e esportistas diferentes para serem patrocinadores de meus produtos. Isso significa que vários profissionais do ramo receberiam roupas da Attitude Inc.® gratuitamente em troca da exibição do logotipo da empresa em seu equipamento. Durante anos, essa medida foi muito bem-sucedida, especialmente na área de esportes motorizados, já que a empresa se associou a um esporte bastante divulgado e, consequentemente, pudemos atingir vários consumidores de uma vez. Certo dia, meses após nos associarmos a determinado esportista, alguém chegou a minha casa. Após uma hora e meia de bate-papo, o visitante perguntou se eu poderia ir ao escritório do irmão dele no dia seguinte, pois tinham uma "proposta de negócios" para discutir. Eu era inexperiente no que se referia a negócios; eu era só um cara que vendia camisetas e que se divertia muito com a atividade. Não fui criado no mundo dos grandes negócios, acreditava que todos queriam somente progredir e, para tanto, agiriam da maneira mais digna possível. Será que eu estava enganado?

O dia seguinte chegou, e lá fui eu até a matriz dessa grande empresa. Tive de esperar na recepção durante séculos (o que detesto) e, então, fui levado a uma grande sala de reuniões. Fizeram-me várias perguntas sobre minha empresa e por que eu buscava o envolvimento da empresa em questão. Informei depressa que não fora eu que marcara a reunião e que, no que tocava a mim, isso não precisaria acontecer, para começar. Eles então mudaram a abordagem e pediram que revelasse minha lista de desejos: se não era dinheiro, o que eu gostaria de fazer de forma diferente? Considerando que eu iniciara a companhia com apenas $50, aquela certamente era a pergunta mais estúpida que poderiam me fazer na época. Naturalmente, eu tinha tal lista, simplesmente não a detalhara devido à falta de tempo. Eles pediram que eu pensasse a respeito e voltasse no dia seguinte. Mais um dia chegou, e lá fui eu de novo ao escritório deles. Novamente tive de aguardar durante horas na recepção até que tudo estivesse pronto. Acho que a espera representou mais um instrumento de poder do que outra coisa. Quando me sentei, perguntaram-me sobre a lista. Não levei muito tempo para revelar seu conteúdo: ela nada tinha de especial, somente questões financeiras e o desenvolvimento da marca. No fim da reunião, eles se levantaram e afirmaram simplesmente adorar a Attitude Inc.®, o que representava e o que poderia se tornar. Eles viam um grande "potencial" na marca e, com a ajuda deles, todo esse potencial se transformaria em realidade. Perguntaram se eu consideraria um "empreendimento conjunto"; pelo que explicaram, isso significava que eu entraria com o que tinha na parceria e eles entrariam com o resto (ou seja, pessoal, serviços, escritórios, depósitos, etc.). À primeira vista, parecia um excelente negócio para quem lutava com esforço para manter o controle de uma empresa que crescia com muita rapidez. Eles queriam uma resposta imediata. Disseram-me que negociações comerciais eram baseadas em "confiança" e que não havia a necessidade do envolvimento de profissionais da área jurídica. Eles tinham o próprio advogado, que elaborara essa negociação para que eu fosse o maior beneficiado. Sei o que você está pensando: "Que idiota". Sim, eu sei, ainda supunha que aquelas pessoas queriam o melhor para mim e não tinha motivos para acreditar no contrário. Apertamos as mãos e fui avisado de que receberia o contrato por escrito "muito breve". Na semana seguinte, eles me disseram que, em vez de trabalhar em minha garagem, prefeririam que eu me mudasse para seus escritórios no centro da cidade e armazenasse meu estoque em um depósito localizado num subúrbio industrial. Aquilo me pareceu uma boa ideia, já que tiraria uma parte do trabalho de minhas costas. Eles também queriam abrir uma conta bancária na cidade para manter todas as finanças sob o mesmo teto.

Foi a partir dessa etapa que as coisas começaram a ficar estranhas. Abri a conta em meu nome, mas eles pareciam ter controle sobre o dinheiro. Eu era criticado sempre que chegava atrasado ao escritório e, pelo que sabia, eu era meu próprio patrão. No passado, nunca tivera de prestar contas sobre a empresa a ninguém e certamente não iria começar naquele momento. Eles passaram a fazer trabalhos de criação na empresa para alguns de meus novos slogans e depois eu recebia as faturas correspondentes ridiculamente elevadas. Cansei-me de dirigir até a cidade todos os dias e decidi montar meu escritório no depósito da empresa; o resultado não foi muito bom, pois eles não podiam monitorar tudo o que eu fazia. Houve até telefonemas para checar se eu estava ou não trabalhando. Durante todo esse tempo, eu ainda não tinha recebido nada por escrito. Quanto ao andamento dos negócios, eles estavam utilizando o logotipo e a empresa a fim de promover seus outros produtos e companhias, mas eu tinha de pagar um preço elevado por seus serviços. Quanto mais eu mencionava o assunto, mais era afastado do círculo; não parecia justo, mas não havia nada que eu pudesse fazer. Nessa época, fui procurado por uma grande companhia internacional que queria licenciar

Atitude 2

o nome Attitude para alguns de seus produtos. Seus representantes haviam visto as reportagens feitas sobre mim e minha empresa na televisão, e sabiam que formariam um par perfeito com seus artigos. Contei a meus parceiros somente o que achei que deveriam saber, pois não queria que assumissem essa negociação, era uma transação de grande vulto, e eu estava cansado de ser roubado. Durante o transcorrer das negociações para esse novo contrato de licenciamento, vim a conhecer muito bem o diretor-executivo da empresa e, como resultado, pedi-lhe sua opinião profissional sobre o que estava me acontecendo. Depois de ouvir tudo o que eu tinha a dizer, ele me aconselhou a deixar a parceria o mais rápido possível; ele pôde ver que eu estava sendo usado, já que o negócio beneficiava somente a eles.

No dia seguinte, reuni todo o meu estoque e voltei a guardá-lo em meu próprio depósito. Naquele dia, fui ameaçado com um processo; é preciso não esquecer, porém, que eu não havia assinado nenhum contrato, de modo que me sentia relativamente protegido do ponto de vista legal. Eles tentaram impedir-me de fechar a conta bancária e até me apresentaram faturas por "serviços prestados" com valores superiores a $60 mil pelo trabalho de um mês. Fiquei preocupado, pois se tratava de uma grande empresa. Eles tinham (e me avisaram do fato) recursos para financiar um processo muito longo contra mim e me "arruinar". Queriam o controle sobre minha empresa e até diziam a seus clientes que eram os donos da Attitude. Eu não estava preparado para enfrentar impassível a situação. Fiquei firme, pois não iria permitir que ninguém arruinasse meus sonhos. Lutei com as armas legais disponíveis, mas, no fim, o processo não se estendeu por muito tempo, pois meus oponentes desistiram. Eles sabiam que estavam errados do ponto de vista ético e legal. Teria sido mais fácil, em determinado momento, começar a agir como eles. Eu poderia ter usado de má-fé e desonestidade, mas somente teria provado que era igual a eles. Aprendi muito sobre mim mesmo com essa experiência que me tornou um empresário e um ser humano mais forte; também aprendi uma lição muito valiosa sobre a ética das pessoas, que me acompanhará para sempre. Não há desculpas para baixar padrões e comportamento ético a fim de provar que se está certo. Hoje, possuo uma empresa que nunca deixou de se fortalecer. Sou dono de outros empreendimentos que estão indo muito bem. A empresa em questão não existe mais; os sócios envolvidos se separaram para "iniciar o próprio negócio" com pouco ou nenhum sucesso.

Por que contei essa história? Não foi para mostrar o quanto sou sensacional e idôneo, mas, sim, para mostrar que, se você agir com ética em toda a sua vida pessoal, profissional e empresarial, certamente irá sobreviver aos desonestos tubarões que há por aí. Se suas atitudes se baseiam em métodos inadequados e princípios desleais, é isso que receberá em troca. Ser ético é agir com moral. Às vezes, você está certo do ponto de vista técnico e até legal, mas e moralmente? Provar que você está certo irá prejudicar as vidas dos que o cercam? Lembre-se: a ética é o marco que irá determinar qual será seu futuro. Embora algumas vezes você possa encontrar o caminho mais fácil na vida e nos negócios, o mesmo não se aplica à ética. Caso o faça, não terá o direito de se queixar dos resultados. Alcançar suas metas por meio de um comportamento antiético irá proporcionar-lhe nada mais do que uma sensação vazia de realização. O objetivo não é magoar os que nos rodeiam na luta para conseguirmos tudo o que desejamos, mas ajudá-los a conquistar o que querem na vida.

Seja um exemplo: não desça ao nível indesejado das outras pessoas.

Capítulo 16

GENEROSIDADE

Capítulo 16 – Generosidade

O tema da generosidade raramente é mencionado e, quando o é, acho que não é adequadamente compreendido. Algumas pessoas nem mesmo gostam da palavra "generosidade", pois acreditam que ela só tem a ver com dinheiro, o que não é verdade. Se você quiser sucesso na vida, se quiser atingir o potencial que todos temos dentro de nós, o conceito de generosidade é algo que deve ser assimilado. O princípio de dar, depois de compreendido, irá gerar um grau de realização totalmente novo em sua vida pessoal e profissional. No mundo moderno, estamos de tal modo voltados para nós mesmos que corremos o risco de nos esquecer de ajudar uns aos outros. Não pense que este capítulo tem o objetivo de suscitar culpa ou constrangimento, é exatamente o oposto: quero mostrar-lhe que, às vezes, talvez até o tempo todo, podemos ser pessoas melhores e viver a vida num nível superior se aprendermos lições com aqueles que nos cercam e adotam esse princípio. É extremamente fácil aprender maus hábitos com amigos e colegas, mas, após ler este capítulo, espero que você constate que assimilar lições importantes com quem você vê todos os dias é igualmente fácil.

Hoje em dia, cultiva-se o hábito de guardar tudo para si mesmo. Muitas pessoas não querem se envolver com os outros por precaução, caso eles se tornem "melhores" do que elas. Até aí, tudo bem, essa é uma reação humana natural, mas ela o limitará e impedirá de ter uma visão geral dos fatos que são importantes para você. Atualmente, muitas pessoas são egoístas em relação a seu tempo, seus esforços, seus conselhos e seu dinheiro. Enquanto escrevia este capítulo, fui testemunha de uma extraordinária demonstração de egoísmo. Eu tinha ido dormir cedo por causa de um resfriado muito forte. Vanessa entrou no quarto para contar que alguém acabara de ligar pedindo minha ajuda: uma mulher que foi muito grosseira ao saber que não poderia falar comigo. Decidi retornar a chamada imediatamente. Durante nossa conversa, ela insistiu para que nos reuníssemos

Atitude 2

naquela semana, porque eu "tinha de ajudá-la". Eu lhe disse ser impossível, pois tinha várias palestras agendadas e, em meu tempo livre, precisava concluir este livro. Imaginei que tínhamos terminado a conversa num tom positivo e voltei para a cama. No dia seguinte, ao abrir meus e-mails, havia uma mensagem dessa mulher falando cobras e lagartos a meu respeito. Ela acabou comigo. Disse que agora eu tinha a responsabilidade de ajudar os outros e como eu não quis auxiliá-la, ela iria procurar a mídia para informá-los de que eu "nunca ajudava ninguém". Os comentários dela realmente me aborreceram, pois sempre tentei manter-me acessível às pessoas. Peguei o telefone e liguei para ela. Devo confessar que meu humor não era dos melhores após a leitura daquele e-mail. Perguntei por que ela achava que tinha o direito de requisitar meu tempo. Em breves palavras, informei-lhe que todos temos opções na vida e que a minha era a de ajudar ou não certas pessoas e, no que me dizia respeito, eu fizera a escolha certa na noite anterior. Ela proferiu alguns palavrões e desligou. Nunca ficaria satisfeita, porque esperava que todos se curvassem diante dela e a levassem para realizar quaisquer sonhos e objetivos que tivesse. Alguns minutos mais tarde, recebi um telefonema muito diferente de alguém que tive o prazer de ajudar com seus negócios. A pessoa queria me agradecer por meus esforços e me dizer que seu produto acabava de ser vendido no exterior.

Embora, nas circunstâncias atuais, pareça fazer parte da natureza humana querer tudo para si mesmo, a realidade mostra que, quando você partilha experiências, tempo e até dinheiro livremente e de boa vontade com quem o rodeia e talvez não tenha o mesmo que você, você começa a promover seu crescimento pessoal, às vezes para um ponto muito além de onde se encontrava no início. Não estou afirmando que você deve dar todo o seu dinheiro e viver na pobreza; estou falando sobre compreender o conceito de colocar os outros em primeiro lugar, ajudar os que ainda não obtiveram o que você conquistou na vida.

CAPÍTULO 16 – GENEROSIDADE

Quero contar-lhes sobre duas pessoas que entraram em minha vida e na de Vanessa há cerca de seis anos. Este é um exemplo de como a generosidade de alguém mudou meu modo de pensar e, consequentemente, minhas atitudes para melhor. Eu administrava a Attitude Inc.® há apenas oito meses quando o "Programa das Pequenas Empresas", do Canal 9, me entrevistou. Essa entrevista gerou muitos telefonemas de lojistas que queriam adquirir meu produto. Uma dessas ligações foi de um homem chamado Trevor, que explicou que ele e a mulher possuíam algumas lojas no país, que gostara muito do que vira na televisão e que gostaria de comprar algumas peças. Eu lhe informei, como fazia com todos os compradores, que o primeiro pedido deveria ser pago contraentrega, o que para Trevor não representava problema. No dia seguinte, eu estava trabalhando em meu depósito (que, na verdade, era a garagem de casa, na época), quando ouvi uma batida na porta. Quando atendi, quase desmaiei. Lá estavam Trevor e Kerry. Para se ter uma ideia, Trevor parece-se um pouco com o personagem dos Simpsons, Bob, só que tem também uma vasta barba ruiva. Trevor usava folgadas e velhas calças de moletom, uma camiseta e estava descalço. O primeiro pensamento que me veio à cabeça foi: "Cara, esse sujeito mal tem dinheiro para pagar o almoço todos os dias, o que dirá minhas camisetas." De qualquer modo, levei-os ao escritório e lhes mostrei os modelos. Kerry foi até a garagem e começou a tirar tudo o que queria das prateleiras. Ao terminar, o total somou $2.500. Comecei a me preocupar (quanto a ter que guardar tudo, depois que eles constatassem que não tinham dinheiro para pagar o que haviam escolhido). Então, Trevor tirou um maço de notas do bolso e pagou tudo no ato. Fiquei impressionado. Eu julgara esse indivíduo somente pela aparência (o que é uma lição em si e que discutirei mais tarde). Eles colocaram tudo no carro e se foram. Despedi-me com um aceno e voltei a minha mesa, imaginando que provavelmente nunca mais os veria, pois certamente aquela fora sua única compra.

Atitude 2

Naquele período, eu lutava contra uma doença que me desgastava e me deprimia. Ela realmente me afetou, e seus efeitos começavam a ser bastante visíveis. No decorrer de nossa reunião, tive a oportunidade de comentar sobre o problema com Trevor e Kerry e também sobre minha família e minha paixão por automóveis. Duas horas mais tarde, ouvi outra batida à porta; fui atender e lá estava Trevor novamente. Imaginei que tivesse esquecido alguma coisa e o convidei a entrar. Começamos a conversar enquanto tomávamos uma xícara de café, e ele me disse que tinha algo para mim. Disse também sentir muito sobre minha saúde e percebeu que tinha de voltar. De dentro de sua sacola, ele tirou um livro e uma miniatura do carro de meus sonhos, um AC Cobra. Não dei muita importância ao fato, pois imaginei que ele estava apenas me mostrando um item de sua coleção, um carro que ambos admirávamos. Quando chegou o momento de ele partir, acompanhei-o até o carro e lembrei que tinha esquecido a miniatura do carro e o livro, mas ele se voltou e disse que eram um presente para me animar. Fiquei desconcertado. Ali se encontrava um homem que somente duas horas antes eu havia prejulgado e que estava sendo gentil com alguém que mal conhecia. Ele não se incomodou com quem eu era, com as roupas que eu vestia ou para onde ia; tudo o que queria era me proporcionar um pouco de alegria. Talvez você considere esse gesto insignificante, mas ele serve para mostrar como um pequeno detalhe pode exercer um impacto poderoso na vida das pessoas.

Aquele dia foi o início de uma longa e sólida amizade. Trevor e Kerry foram meus maiores compradores durante anos e são nossos amigos até hoje. Sempre que eu ficava deprimido ou doente, lá estavam eles; se eu precisasse realizar alguma tarefa e encontrasse dificuldades para realizá-la, lá vinham eles. Trevor, assim como eu, é um fanático por golfe, e começamos a jogar juntos com bastante regularidade. Sei que a próxima declaração irá constrangê-lo (mas será tarde demais, pois o livro já terá sido publicado), porém eu ainda lhe devo

Capítulo 16 – Generosidade

uma partida. Ele não permite que eu ou qualquer pessoa que jogue conosco pague. Como você vê, Trevor e Kerry compreendem e vivem profundamente o princípio da generosidade. Ser generoso é não ser egoísta; isso pode parecer simples e lógico, mas quantos de nós, inclusive eu, passamos pela vida envolvidos pelo egoísmo e tentamos conservar tudo para nós mesmos?

A realidade é, na verdade, o oposto do que estamos tentando conseguir. Ao conservar tudo para si mesmo, você fecha as possibilidades de se libertar. Deixe-me explicar: assim que divide alguma coisa, seja dinheiro, informações ou conselhos, você automaticamente atrai bons acontecimentos para você. Não estou me referindo a nada sobrenatural, mas, sim, a ser abençoado. O egoísmo é unidimensional; no momento em que você é egoísta em relação a seu sucesso, terá de controlar todos os resultados. Contudo, se aplicar o princípio da generosidade a todos que entram em contato com você, as recompensas em potencial que receberá em troca são tridimensionais. Haverá pessoas que vão querer retribuir sua generosidade sem que você espere ou queira. E é assim que eu quero viver!

Gosto de estar com pessoas que me desafiem a melhorar, não com suas palavras, mas com seus atos. Estar rodeado de pessoas que constantemente o estimulam a melhorar é algo contagioso. Após passar algum tempo com Trevor e Kerry, você se vê obrigado a mudar o modo de encarar a própria vida. Não estou afirmando que essas duas pessoas não têm problemas em outras áreas da vida. Podem até ter, mas sei que foi por causa desse casal generoso que pude me adaptar ao rápido crescimento da empresa e ao sucesso muito mais facilmente, e manter os pés no chão o máximo possível. Sei que alguns de vocês já estão pensando: "Está tudo bem para eles, Justin, mas eu não tenho montanhas de dinheiro para distribuir." Claro que não, e não estou sugerindo que façam isso. O que você realmente tem? Que qualidades pode usar para abençoar outras pessoas? Será seu tempo? Serão suas habilidades e seu conhecimento? Somente você sabe a resposta.

Atitude 2

Quem leu meu primeiro livro sabe que fui criado num lar cristão e que sou filho de um pastor. Meus pais viveram segundo o princípio da generosidade e sempre o compreendi.

Um aspecto do sucesso que me agrada muito é o fato de poder ajudar outras pessoas a alcançarem o próprio êxito. Não suporto quando pessoas são bem-sucedidas e não auxiliam outras menos afortunadas ou que ainda não descobriram seu potencial. Há um ditado que gosto de incluir em todas as minhas palestras: "Você só é bem-sucedido depois que fizer com que as pessoas que o rodeiam conheçam o sucesso." Um grande número de pessoas acredita que sucesso significa apenas conseguir tudo o que se quer sem se preocupar com mais ninguém. Outras ainda defendem a teoria limitada e equivocada de que irão ajudar outras pessoas depois que elas atingirem o sucesso. Não seja tão ingênuo: essa mentalidade tem raízes no egoísmo. O que o faz acreditar que irá mudar sua atitude em relação aos que precisam de ajuda assim que você chegar aonde quer? Há um velho ditado que, de certa forma, prova esse ponto de vista: "Você não é um líder até que alguém o siga." A verdadeira medida do sucesso, até onde posso entender, é quantas pessoas querem moldar sua vida pessoal e profissional a partir dos métodos e do estilo que você adota.

Assim como Trevor e Kerry, ao ser generoso em todos os aspectos possíveis de sua vida, você ficará surpreso com as recompensas que baterão à porta. Chame isso de carma, de bênção, não dou a mínima importância ao nome que escolher, mas, quanto melhor e mais generoso você for com as pessoas, mais sua vida irá se desenvolver. Não quero, de forma alguma, sugerir que você vá receber mais dinheiro se distribuir o que tem: de jeito nenhum. Estou dizendo que, ao ser generoso com seu tempo, seus conselhos e até mesmo com seu dinheiro, você descobrirá um novo aspecto de si mesmo que lhe fará mais bem do que ter todo o dinheiro do mundo. É essa simples sensação de poder ver as coisas como um todo (e que as coisas não giram em torno de você) que representará a chave para abrir as portas de seus futuros sucessos. Você estará expandindo seu modo de pensar ao eliminar a si mesmo e seus motivos egoístas desse contexto.

Há um aspecto com que eu gostaria de desafiá-lo no final deste capítulo: você precisa ou não ser seletivo em relação às pessoas com quem deve ser generoso? Às vezes, todos nós fazemos suposições sobre pessoas com base na aparência ou, até mesmo, nas atitudes (como fiz com Trevor). Às vezes, eu sou vítima dessas suposições; ainda hoje me surpreendo com o modo pelo qual sou tratado sempre que entro em uma concessionária de automóveis. Os vendedores julgam se posso adquirir um carro somente por minha aparência ou meu modo de vestir. Isso sempre me faz rir, pois quero comprar um carro que eles próprios não têm condições de comprar, mas ainda assim me julgam pela aparência. No que me diz respeito, são os vendedores que devem causar boa impressão, não o contrário. Usando essa analogia, preciso me vigiar em várias ocasiões, a fim de me certificar de que não estou tratando quem me procura em busca de conselhos da mesma maneira. Não quanto ao fato de elas terem condições de pagar por meus conselhos (não é disso que estou falando), mas se imagino que elas os ouvirão. Tive de modificar esse padrão de pensamento, pois estava guiando minhas decisões de ajudar algumas pessoas. Hoje, percebo que não depende de mim garantir que escutem; essa parte depende da pessoa que me procurou em busca de conselhos. A única responsabilidade que tenho é garantir que eu partilhe minhas experiências e conselhos da melhor forma que minha capacidade permitir. Você também precisa estar ciente de que há sanguessugas em série por aí. Existem pessoas (e deve haver algumas perto de você nesse estágio de sua vida) que somente querem tomar, tomar e tomar, o tempo todo. Elas não pensam bem no que estão recebendo, nem ao menos agradecem por sua generosidade, porém, se você ousar dizer-lhes não, cuidado. Costumo seguir uma regra em relação às pessoas que aconselho e ajudo, isto é, quando elas forem bem-sucedidas, deverão auxiliar outras que querem conselhos ou precisam de alguma ajuda.

ATITUDE 2

A sensação de satisfação que me invade depois de passar algum tempo com pessoas que me procuram em busca de conselhos sobre os negócios ou ideias é muito maior do que a gerada pela venda de mil camisetas. Nós precisamos enxergar a situação como um todo e exercer um impacto em TUDO o que fazemos e em TODOS que conhecemos. Eu o desafio a experimentar. Então, o que você está esperando?

SE NADA MUDAR, NADA MUDARÁ.

Conheça também outros livros da FUNDAMENTO

▶ **VENDA MAIS! VOCÊ PODE!**
Paul Hanna
Paul Hanna, palestrante que já trabalhou com multinacionais como a Toyota e o McDonalds, alia seu conhecimento sobre motivação às técnicas secretas dos vendedores mais bem-sucedidos.

Entre outras informações valiosas, saiba como evitar "as dez coisas que nenhum vendedor deve fazer", como estabelecer uma boa rede de relações e a trabalhar sua autoestima. Aproveite dezenas de dicas valiosas para vender mais e melhor!

www.editorafundamento.com.br

▶ O QUE ATRAIU WARREN BUFFETT
Um guia para construir empresas e carreiras de sucesso
Barnett C. Helzberg, Jr

Conheça os segredos do homem que convenceu Warren Buffett, o megainvestidor com o melhor faro para negócios do mundo, a comprar a empresa que ele estava vendendo. Neste livro, você encontrará estratégias comprovadas de administração aplicada que o ajudarão a desenvolver ou aprimorar seu espírito empreendedor.

Saiba como:
- Conseguir e manter clientes
- Aprender com os próprios erros
- Motivar funcionários
- Compreender melhor o seu ramo de negócios

www.editorafundamento.com.br